本书的出版受到江苏省高校哲学社会科学一般项目（2022SJYB0966）、中央高校基本科研业务经费（JUSRP122061）的资助

社科博士论文文库
Social Sciences Doctoral Dissertation Library

The Impact of Independent Directors' Interlocks on the Annual Report Information Disclosure in Listed Firms:
Empirical Evidence from "Management Discussion and Analysis" Sections

独立董事联结对上市公司年报信息披露的影响研究：基于"管理层讨论与分析"文本的经验证据

张雪梅 著

上海社会科学院出版社
SHANGHAI ACADEMY OF SOCIAL SCIENCES PRESS

社科博士论文文库

总　序

　　博士研究生培养是一个人做学问的重要阶段。有着初生牛犊不怕虎的精神和经邦济世雄心的博士研究生,在读博期间倾注大量时间、心血学习,接触了广泛的前沿理论,其殚精竭虑写就的博士论文,经导师悉心指导,并在专家和答辩委员会修改意见下进一步完善,最终以学术性、创新性和规范性成就其学术生涯的首部精品。每一位有志于从事哲学社会科学研究的青年科研人员,都应将其博士学位论文公开出版;有信心将博士论文公开出版,是其今后能做好学问的底气。

　　正因如此,上海社会科学院同其他高校科研机构一样,早在十多年前,就鼓励科研人员出版其博士论文,连续出版了"新进博士文库""博士后文库"等,为学术新人的成长提供了滋养的土壤。基于此,本社拟以文库形式推出全国地方社会科学院及高校社科领域的青年学者的博士论文,这一办法将有助于哲学社会科学领域的优秀成果脱颖而出。根据出版策划方案,本文库收录的作品具有以下三个特点:

　　第一,较高程度掌握学科前沿动态。入选文库的作者以近3年内毕业的博士为主,这些青年学子都接受过严格的学术训练,不仅在概念体系、研究方法和研究框架上具有相当的规范性,而且对研究领域的国内外最新学术成果有较为全面的认知和了解。

　　第二,立足中国实际开展学术研究。这些论文对中国国情有相当程度的把握,立足中国改革开放过程中的重大问题,进行深入理论建构和学术研究。既体现理论创新特色,又提出应用对策建议,彰显了作者扎实的理论功底和把论文写在祖国大地上的信心。对构建中国学术话语体系,增强文化自信和道路自信起到了积极的推进作用。

第三,涵盖社科和人文领域。虽是社科博士论文文库,但也收录了不少人文学科的博士论文。根据策划方案,入选论文类别包括当代马克思主义、经济、社会、政治、法律、历史、哲学、文学、新闻、管理以及跨学科综合等,从文库中得以窥见新时代中国哲学社会科学研究的巨大进步。

这套文库的出版,将为理论界学术新人的成长和向理论界推荐人才提供机会。我们将以此为契机,成立学术委员会,对文库中在学科前沿理论或方法上有创新、研究成果处于国内领先水平、有重要理论意义和现实意义、具有较好的社会效益或应用价值前景的博士论文予以奖励。同时,建设上海社会科学院出版社学者库,不断提升出版物品质。

对文库中属全国优秀博士论文、省部级优秀博士论文、校级优秀博士论文和答辩委员会评定的优秀博士论文及获奖的论文,将通过新媒体和新书发布会等形式,向学术界和社会加大推介力度,扩大学术影响力。

是为序!

上海社会科学院出版社社长、研究员

2024年1月

前　　言

党的二十大报告强调,"健全资本市场功能……依法规范和引导资本健康发展"。党的二十届二中全会也指出,"有效防范化解重大经济金融风险,守住不发生系统性风险的底线"。信息披露对于缓解信息不对称,促进资本市场健康发展,服务实体经济快速增长起到了十分重要的作用。无论是监管机构、信息中介还是资本市场的中小投资者,都需要根据企业披露的信息判断企业真实的经营情况,并对企业的发展前景做出判断。年度报告是企业最重要的信息披露方式,也是资本市场参与者最为核心的信息来源。以往囿于技术手段的限制,投资者的目光主要集中在年报的财务数据所提供的信息上。随着信息技术的发展,计算机自然语言处理技术能够通过文本挖掘、词频统计、文本向量计算等方式,解析年报文本语言所体现的信息。由于文本信息的篇幅较长,不仅能够提供对财务数据的解读,还能够反映外部经济环境变化对企业带来的影响,因而被誉为"财务报告的核心和灵魂"。

为了提升年报文本信息质量,美国证券交易委员会(Securities and Exchange Commission, SEC)率先建立"管理层讨论与分析"(Management Discussion and Analysis, MD&A)信息披露制度,要求企业在年报中增加"管理层讨论与分析"部分,用于介绍企业的经营情况及对未来发展的展望。我国"管理层讨论与分析"信息披露制度,经过二十年的发展,也取得了一定的进展。但"管理层讨论与分析"信息披露制度仍然存在一些问题。首先,文本披露尚存在规范性不足的问题,在样本期间内有接近2/5的公司未能按照要求披露完整的条目,与未来发展前景相关的信息缺失较多。其次,"管理层讨论与分析"的监管难度大,一个无法回避的问题在于,文字表述的逻辑性及用词的多样性,使得披露过程存在自主性,很难采用统一的要求判断文本内容是否合理;而如果提供统一的标准就会导致"模板式"披露,难以体现公司的个体差异。最后，经营环境的不确定性影响公司未来发展前景的披露，我国正处在经济转型的特殊时期，如何布局未来的发展方向，如何把握企业的战略定位，依赖于企业对宏观环境的认识。

独立董事的机制设计为解决这一矛盾提供了可能的解决方法。一方面，独立董事是企业信息披露的重要监督机制，其任职的审计委员会承担审核公司财务信息及披露，以及与信息披露相关的内外部审计与内部控制等工作。不管是正式的规范性文件还是非正式的履职指引，都在强调独立董事在信息披露工作中的重要性，督促上市公司建立独立董事年报工作制度。2023年康美药业案，独立董事受到连带处罚，随后修订的公司法，以及《国务院办公厅关于上市公司独立董事制度改革的意见》，均强调了独立董事在公司信息披露中的作用。另一方面，独立董事具有兼任的特性。在不同公司董事会任职能够帮助独立董事获得更多的信息和资源，通过兼任建立起的任职网络对独立董事的职责履行产生影响。独立董事任职联结（以下简称"独立董事联结"）是否以及如何对公司年报管理层讨论与分析的披露决策产生影响，值得研究。目前对年报"管理层讨论与分析"文本信息披露的研究主要沿袭了信息经济学的委托代理框架，在社会网络框架下开展的研究还比较欠缺。笔者以"研究基础—理论分析—实证研究—结论总结"为路径展开实证研究。在对我国上市公司年报"管理层讨论与分析"文本进行文本挖掘和自然语言处理的基础上，实证检验了独立董事联结对年报"管理层讨论与分析"文本披露决策的影响机理与后果。这些经验证据为深入理解我国弱制度环境背景下年报"管理层讨论与分析"文本的形成逻辑提供了经验支持，为市场参与者、证券监管部门的决策提供了依据。

本研究首先对独立董事兼任的相关文献进行回顾，梳理了独立董事兼任所引发的信息效应、资源效应及治理效应；其次，分析了年报"管理层讨论与分析"的制度背景，依据社会网络理论、关系认同理论、社会互动理论、组织间行为模仿理论、制度理论，阐述了独立董事联结引发企业间行为模仿的机理；然后，从年报"管理层讨论与分析"文本语言特征、文本内容及文本质量三个维度，研究独立董事网络嵌入对年报"管理层讨论与分析"文本信息披露的影响；最后，分别从资本市场投资者、资本市场信息中介的角度考察不同维度的年报"管理层讨论与分析"文本信息披露相似性能否受到资本市场投资者、信息中介的关注，从而对其决策产生影响。

通过研究,主要得出如下主要结论。

(1) 相同独立董事兼任的公司会产生年报语言风格的相似性。同行业任意两家公司构成的公司对之间存在相同的独立董事,则公司之间的年报"管理层讨论与分析"文本特征更加相似。具体而言,年报的语调、语言导向及语言模糊性的相似程度更高。外部环境不确定性会增加年报积极语调的风险,从而加剧联结公司之间的模仿效应,而正式信息渠道会减弱独立董事联结这一私有信息渠道的影响,从而减弱联结公司之间的模仿效应。

(2) 同行业任意两家公司构成的公司对之间存在相同独立董事,则该公司对之间的年报"管理层讨论与分析"文本相似度更高。独立董事财务背景、网络中心度能增强公司对之间的年报"管理层讨论与分析"文本相似性。相比于历史性信息的确定性,前瞻性信息具有更大的不确定性,从而也说明独立董事联结所具有的信息传递、关系认同等作用是公司应对外部环境不确定性的选择。

(3) 独立董事网络嵌入会产生治理效应,提升年报"管理层讨论与分析"文本信息披露质量,主要表现在,如果与年报"管理层讨论与分析"文本披露完整的上市公司存在独立董事联结,该公司年报"管理层讨论与分析"文本披露完整的可能性更大。这一现象在社会信任水平高、地区法治环境好的公司更加明显。进一步研究发现,联结频率越高,强度越大,模仿效应越明显。

(4) 独立董事联结的公司之间更容易产生股价联动现象,这一现象不是投资者对独立董事这一联结关系进行分类的结果,而是投资者对联结关系传递出的相似信息进行吸收、交易的结果。进一步分析发现,独立董事联结强度越大、越是存在财务背景,存在联结关系的公司之间股价联动现象越明显。中介效应检验发现,独立董事联结引发的年报"管理层讨论与分析"文本模仿效应在独立董事联结公司之间股价联动中起到了部分中介的作用,验证了笔者的研究思路。

与国内外的研究成果相比,本研究可能的创新点主要包括以下几个方面。

(1) 从理论上厘清了独立董事联结对企业间年报"管理层讨论与分析"文本模仿效应的影响机理,丰富了年报"管理层讨论与分析"文本的影响因素研究。以往从公司治理、信息不对称角度研究年报"管理层讨论与分析"

文本，忽略了外部环境不确定性对文本信息的影响，本研究从企业网络嵌入性视角考察年报"管理层讨论与分析"的披露决策，梳理了独立董事联结的信息传递和规范性同形两方面对企业间年报"管理层讨论与分析"文本模仿效应的影响，拓展了年报"管理层讨论与分析"文本披露的影响因素研究，有利于更好地理解年报"管理层讨论与分析"文本的形成机理。

（2）构建了中文语境下的年报未来导向和年报模糊词典，为中文年报"管理层讨论与分析"文本特征研究提供了方法借鉴。本研究借鉴了以往中文词典的构建思路，将 Python 语言和"WinGo 文构财经文本数据平台——自定义特征数据库"的相似词计算结合使用，率先构建了中文语言导向词典和中文模糊词典；进一步对年报"管理层讨论与分析"的文字信息部分进行文本分析、关键词提取、词频统计，最终得到年报的语调、语言导向、可读性等相关指标。由于词典构建过程均通过计算机程序完成，可以进行复制，为年报"管理层讨论与分析"文本特征的研究提供了方法借鉴。

（3）从外部信息中介的角度验证了独立董事网络嵌入的信息后果。我国股票市场的股价联动是投资者十分关注的重要议题。两两公司之间的股价联动，主要分为分类观、信息观与偏好观。社会网络理论的发展为股价联动现象提供了新的解释。陆贤伟等（2013），陈运森和郑登津（2018），都是基于私有信息传递进行解读，从外部信息角度，联结关系能否导致股价联动，是一个易被忽视却更加直观的话题。本研究不仅验证了独立董事联结能够带来股价联动，而且发现年报"管理层讨论与分析"文本相似性、语言特征相似性都在独立董事联结与股价联动之间起到了中介作用。这说明外部披露信息的相似性是影响股价联动的另一个重要机制。本研究无论对于关注联结公司的年报"管理层讨论与分析"文本模仿效应，还是资本市场的股价联动都具有重要意义。

目 录

总序 ··· 1
前言 ··· 1

第一章 │ 绪论 ··· 1

  第一节 研究背景及意义 ·· 1
    一、研究背景 ·· 1
    二、研究意义 ·· 3
  第二节 基本概念的界定 ·· 6
    一、独立董事联结 ··· 6
    二、管理层讨论与分析信息披露 ································· 6
    三、模仿效应 ·· 8
    四、联结企业 ·· 9
    五、目标企业 ··· 10
    六、股价联动 ··· 11
  第三节 研究思路与研究方法 ·· 12
    一、研究目的与思路 ·· 12
    二、研究方法 ··· 14
  第四节 研究框架和内容安排 ·· 15
  第五节 主要创新点 ··· 20

第二章 │ 文献综述 ·· 21

  第一节 独立董事兼任的相关文献综述 ···························· 21

一、独立董事兼任的信息效应 ………………………………… 23
　　　二、独立董事兼任的资源效应 ………………………………… 23
　　　三、独立董事兼任的治理效应 ………………………………… 24
　第二节　任职联结与企业财务行为模仿 ……………………………… 26
　第三节　任职联结与企业信息披露行为模仿 ………………………… 28
　第四节　年报"管理层讨论与分析"的相关文献综述 ………………… 29
　　　一、年报"管理层讨论与分析"的披露选择 …………………… 30
　　　二、年报"管理层讨论与分析"的经济后果 …………………… 32
　第五节　本章小结 ……………………………………………………… 34

第三章 ｜ 制度背景 ……………………………………………………… 37

　第一节　"管理层讨论与分析"披露制度背景分析 …………………… 37
　　　一、国外"管理层讨论与分析"披露制度 ……………………… 37
　　　二、国内"管理层讨论与分析"披露制度 ……………………… 40
　　　三、中国"管理层讨论与分析"披露制度面临的问题 ………… 42
　第二节　中国独立董事制度背景分析 ………………………………… 44
　　　一、中国独立董事制度的发展阶段 …………………………… 44
　　　二、中国独立董事的职权范围 ………………………………… 45
　　　三、中国独立董事的兼任情况 ………………………………… 46
　第三节　本章小结 ……………………………………………………… 48

第四章 ｜ 理论基础 ……………………………………………………… 49

　第一节　社会网络理论 ………………………………………………… 49
　第二节　关系认同理论 ………………………………………………… 51
　第三节　社会互动理论 ………………………………………………… 53
　第四节　组织间行为模仿理论 ………………………………………… 54
　第五节　制度理论 ……………………………………………………… 55
　第六节　独立董事联结与企业间行为的机理分析 …………………… 56
　第七节　本章小结 ……………………………………………………… 59

第五章 独立董事联结与年报"管理层讨论与分析"披露完整性的模仿效应 ………… 60

第一节 理论分析与研究假设 ………… 62
一、独立董事联结与年报"管理层讨论与分析"内容完整性的模仿效应 ………… 62
二、信息透明度的影响 ………… 64
三、地区社会信任的影响 ………… 65

第二节 研究设计 ………… 66
一、样本选择与数据来源 ………… 66
二、模型设计 ………… 68
三、变量定义 ………… 69

第三节 研究结果与分析 ………… 72
一、描述性统计 ………… 72
二、实证分析 ………… 74

第四节 进一步分析：独立董事联结特征的影响 ………… 76
一、独立董事联结频率的影响 ………… 76
二、独立董事联结强度的影响 ………… 76

第五节 稳健性检验 ………… 78
一、更换模型 ………… 78
二、替换被解释变量 ………… 80
三、同一企业集团的影响 ………… 82
四、互为因果的内生性问题 ………… 83

第六节 本章小结 ………… 85

第六章 独立董事联结与年报"管理层讨论与分析"文本内容的模仿效应 ………… 87

第一节 理论分析与研究假设 ………… 89
一、独立董事联结与年报"管理层讨论与分析"文本内容的模仿效应 ………… 89
二、独立董事财务背景的影响 ………… 94

三、独立董事网络位置的影响 ………………………………… 95

第二节　研究设计 …………………………………………………… 96
　　　一、样本选择与数据来源 …………………………………… 96
　　　二、模型设计 ………………………………………………… 97
　　　三、变量设计 ………………………………………………… 98

第三节　研究结果与分析 …………………………………………… 101
　　　一、描述性统计 ……………………………………………… 101
　　　二、组间均值差异检验 ……………………………………… 102
　　　三、实证分析 ………………………………………………… 103

第四节　进一步分析：模仿内容的选择 …………………………… 107

第五节　稳健性检验 ………………………………………………… 110
　　　一、替换被解释变量 ………………………………………… 110
　　　二、公司之间其他信息渠道的影响 ………………………… 111
　　　三、企业集团的影响 ………………………………………… 114
　　　四、相同地域的影响 ………………………………………… 115
　　　五、共同经营范围的影响 …………………………………… 117
　　　六、互为因果的内生性问题 ………………………………… 118

第六节　本章小结 …………………………………………………… 120

第七章｜独立董事联结与年报"管理层讨论与分析"文本语调的模仿效应 …………………………………………………… 122

第一节　理论分析与研究假设 ……………………………………… 123
　　　一、独立董事联结与年报"管理层讨论与分析"文本语调的模仿
　　　　　效应 ………………………………………………………… 123
　　　二、外部环境不确定性的影响 ……………………………… 125
　　　三、正式信息渠道的影响 …………………………………… 126

第二节　研究设计 …………………………………………………… 127
　　　一、样本选取与数据来源 …………………………………… 127
　　　二、模型设计 ………………………………………………… 129
　　　三、变量设计 ………………………………………………… 130

第三节 研究结果与分析 …… 133
一、描述性统计 …… 133
二、实证分析 …… 134

第四节 进一步分析:公司异质性特征与年报"管理层讨论与分析"语调的模仿效应 …… 139
一、融资约束与年报"管理层讨论与分析"语调的模仿效应 …… 139
二、公司成长性与年报"管理层讨论与分析"语调的模仿效应 …… 140

第五节 稳健性检验 …… 142
一、替换被解释变量 …… 142
二、更换模型 …… 143
三、企业集团的影响 …… 145
四、互为因果的内生性问题 …… 147

第六节 本章小结 …… 148

第八章 独立董事联结、年报"管理层讨论与分析"披露趋同与股价联动 …… 150

第一节 理论分析与假设提出 …… 151
一、独立董事联结与股价联动 …… 151
二、联结独董网络位置与股价联动 …… 154
三、联结独董财务背景与股价联动 …… 154

第二节 研究设计 …… 155
一、样本选择与数据来源 …… 155
二、模型设计 …… 157
三、变量设计 …… 157

第三节 研究结果与分析 …… 160
一、描述性统计 …… 160
二、组间系数差异检验 …… 161
三、实证分析 …… 162

第四节 进一步分析：中介效应检验 …… 164
　一、年报"管理层讨论与分析"文本长度的中介效应检验 …… 164
　二、年报"管理层讨论与分析"文本内容的中介效应检验 …… 167
　三、年报"管理层讨论与分析"文本语调的中介效应检验 …… 170
第五节 稳健性检验 …… 174
　一、替换被解释变量 …… 174
　二、公司之间其他信息渠道的影响 …… 175
　三、企业集团的影响 …… 178
　四、互为因果的内生性问题 …… 179
第六节 本章小结 …… 180

第九章 | 研究结论、启示与政策建议 …… 182

第一节 研究结论 …… 182
第二节 研究启示 …… 184
第三节 政策建议 …… 184
　一、监管层面 …… 184
　二、上市公司层面 …… 185
　三、资本市场层面 …… 186
第四节 研究的不足与展望 …… 186
　一、研究的不足之处 …… 186
　二、研究展望 …… 187

参考文献 …… 189

图表目录

图 1-1　独立董事兼任与公司网络 ………………………………… 3
图 1-2　联结企业与目标企业之间关系之一 ……………………… 10
图 1-3　联结企业与目标企业之间关系之二 ……………………… 10
图 1-4　研究框架 …………………………………………………… 19
图 2-1　中国年报文本分析研究的发文趋势 ……………………… 36
图 3-1　2002—2018 年有兼任独立董事的上市公司分布情况 … 46
图 3-2　2002—2018 年有异地兼任独立董事的上市公司分布情况 …… 47
图 6-1　年报公开披露前的公司内部审阅流程 …………………… 92
表 3-1　美国"管理层讨论与分析"信息披露制度的演进 ………… 39
表 3-2　中国"管理层讨论与分析"信息披露制度的演进 ………… 42
表 3-3　独立董事制度的发展阶段 ………………………………… 45
表 5-1　模型变量定义 ……………………………………………… 70
表 5-2　目标公司样本分布情况 …………………………………… 72
表 5-3　描述性统计 ………………………………………………… 73
表 5-4　回归结果 …………………………………………………… 75
表 5-5　进一步分析：独立董事联结频率、强度的影响 ………… 77
表 5-6　更换模型 …………………………………………………… 79
表 5-7　替换被解释变量 …………………………………………… 81
表 5-8　剔除同一企业集团 ………………………………………… 82
表 5-9　QAP 回归分析结果 ………………………………………… 84
表 6-1　模型变量定义 ……………………………………………… 100
表 6-2　描述性统计 ………………………………………………… 102
表 6-3　组间均值差异检验 ………………………………………… 103

表6-4	回归结果1	103
表6-5	回归结果2	105
表6-6	回归结果3	106
表6-7	进一步分析:模仿内容的选择	109
表6-8	稳健性检验:替换被解释变量	111
表6-9	剔除其他联结渠道的影响	113
表6-10	剔除企业集团的影响	114
表6-11	控制地域关联的影响	116
表6-12	控制共同经营范围的影响	117
表6-13	稳健性检验:QAP回归分析结果	120
表7-1	模型变量定义	132
表7-2	变量描述性统计	133
表7-3	主回归结果1	134
表7-4	主回归结果2	136
表7-5	主回归结果3	138
表7-6	进一步分析	140
表7-7	替换变量	142
表7-8	更换模型	144
表7-9	剔除企业集团的影响	146
表7-10	QAP回归分析结果	148
表8-1	模型变量定义	159
表8-2	描述性统计结果	161
表8-3	组间系数差异检验结果	162
表8-4	回归结果	163
表8-5	独立董事细分特征与股价同步性	164
表8-6	年报"管理层讨论与分析"文本长度的中介效应检验	166
表8-7	年报"管理层讨论与分析"文本内容的中介效应检验	169
表8-8	年报"管理层讨论与分析"文本特征的中介效应检验	173
表8-9	替换被解释变量	174
表8-10	剔除其他联结渠道的影响	177
表8-11	剔除企业集团的影响	178
表8-12	QAP回归分析结果	180

第一章 绪 论

第一节 研究背景及意义

一、研究背景

随着投资者对公司信息需求的增加,年报中的内容越来越丰富,其中,"管理层讨论与分析"部分,主要负责向投资者描述公司经营状况、发展战略、重大风险等情况,帮助投资者建立起经济事项与财务数据之间的联系。根据美国证券交易委员会的规定,年报"管理层讨论与分析"部分,应该达到三个目标:(1)提供关于公司财务报表的文字说明;(2)增加公司的信息,帮助投资者掌握财务数据产生的背景;(3)提供关于公司盈余质量及盈余变动的相关信息。和日常交流用语不同,年报"管理层讨论与分析"文本语言是正式的书面语言,应该更加规范、专业、权威。同时,年报"管理层讨论与分析"文本也能够反映公司的经营情况与发展规划,从而影响资本市场参与者对公司过去经营情况的评价及对未来发展前景的预测。

实际上,高管既非像经济学假设的那样具有完全理性,不受社会因素制约,也非像社会学研究假设的那样过度社会化,完全受社会情景的影响,而是受公司网络嵌入性的影响,受社会结构的制约(Granovetter,1985)。公司网络嵌入性对公司年报"管理层讨论与分析"文本特征产生深远的影响。企业通过社会网络了解信息披露的倾向,并掌握信息披露的合法性规范,进而应用于本公司的年报"管理层讨论与分析"文本表述,产生模仿效应。独立董事兼任现象在全球资本市场都十分突出(陈运森和郑登津,2017),中国的独立董事网络是公司常见的社会网络之一。在中国考察独立董事联结关系与公司年报"管理层讨论与分析"文本的模仿效应具有紧迫性和独特性。

紧迫性体现在,中国作为新兴资本市场,相关制度设计不健全、信息不对称的问题更加严重,年报"管理层讨论与分析"文本蕴含的大量信息有待挖掘。从目前学术界的研究成果来看,针对中文年报"管理层讨论与分析"的文本分析还处于探索阶段,相关经验研究还十分少见。其中一个原因是,中文语言表达较英文更加委婉、含蓄(顾曰国,1992),研究人员难以提供文本分析的经验证据。而且在中国社会转型过程中,关系活跃于社会的各个领域(梁玉成,2012),"关系"这一非正式的经济手段在转轨经济中所起到的作用非常重要(张军,1995)。对于企业而言,任职联结是企业之间可信赖的、单位成本较低的交流渠道,且这一渠道便于实现企业之间的资源分享和信息传递;与此同时,联结网络建立在信任与合作的基础上,增加了对企业行为的合法性认知,企业通过模仿确保自身行为的合法性。年报"管理层讨论与分析"文本信息披露还未被纳入监管范围,一旦成为上市公司掩盖自利行为的手段,并通过任职联结渠道扩散,不利于中国资本市场的长期健康发展。因此在中国资本市场,探讨上市公司年报"管理层讨论与分析"文本模仿效应是十分紧迫的议题。

独特性体现在,中国的股权结构具有"一股独大"的特征。控股股东持股比例较大,并有权力委派高管担任上市公司的执行董事,监督公司的经营情况,因此,高管兼任董事可能发生于企业集团内部或者本身存在控制关系的企业之间。同一个企业集团或者企业之间本身存在控制关系,这使得具有高管兼任董事或者董事兼任董事的企业双方在一套机制下运行,企业的行为也是从上到下的贯彻执行。根据社会网络理论,这种联结关系是一种强联结,企业之间的信息呈现出同质化的特点。而根据《中华人民共和国证券法》(以下简称《证券法》)、《中华人民共和国公司法》(以下简称《公司法》)及相关配套制度,独立董事可以在多家上市公司兼任,最多不超过5家上市公司,对兼任公司的属性没有强制要求,兼任公司之间可以存在较大差异。这就使得独立董事的职能与执行董事有所不同,独立董事兼任带来的联结关系体现出弱联结的特征,独立董事在任职的企业之间起到了私有信息传递作用,提供了研究企业间年报"管理层讨论与分析"文本模仿的独特视角。独立董事兼任与公司网络如图1-1所示。

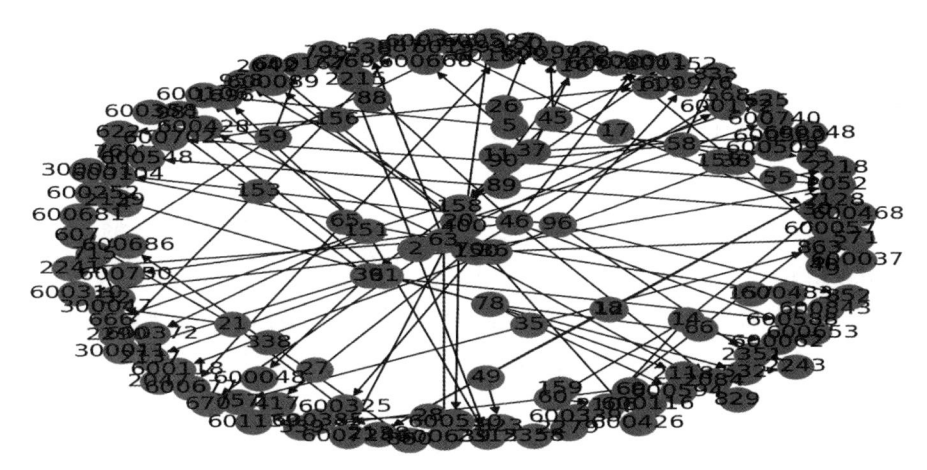

图 1-1 独立董事兼任与公司网络

由于年报"管理层讨论与分析"文本信息本质上是在解释会计数字背后的经济含义,而公司会计政策选择、重要的财务决策或者未来发展战略等经济事项是公司的私有信息,不会通过财经媒体、上市公司网站、深交所网站等公开信息披露渠道对外公布,只能够依靠隐蔽的"私下"交流来掌握。独立董事参与董事会会议,并且可能在董事会下设审计委员会任职,可以了解公司经营决策的信息,从对经济事项的把握中掌握公司文本信息披露的真实动机。联结公司(被模仿对象)的文本信息,提供了可以借鉴的表述方式,会降低目标公司(考察对象)的披露成本,目标公司(考察对象)进行模仿的可能性增大。考察文本信息披露的模仿效应,对于提高文本信息的决策有用性至关重要。

二、研究意义

本研究的理论意义体现在以下四个方面。

第一,本研究构建了独立董事联结与企业间年报"管理层讨论与分析"文本模仿效应的理论框架。

陈仕华和卢昌崇(2013)在研究企业并购决策问题时,构建了组织间行为模仿的基本理论框架,认为企业间行为模仿除了具备基本的模仿动机,还具有信息渠道。在以往的研究中,高管联结(陈仕华和马超,2011)、连锁董事(Useem，1984)、空间距离邻近等都可以作为信息渠道影响企业的行为模仿。

本研究认为独立董事可以在不同上市公司兼任，其传递了异质性信息，更能起到企业间信息传递渠道的作用。在此基础上，引入社会互动理论、制度理论，从规范性同形的角度，阐述了独立董事在联结网络中形成的规范性认知对企业行为的"协同"作用，对组织间行为模仿框架做了有益的补充。

第二，本研究从网络嵌入性的视角，而非单一公司层面检验企业年报"管理层讨论与分析"文本的形成过程。

信息经济学理论强调高管的个人理性，而非社会性，这一研究范式就是传统意义上的"社会化不足"研究范式，是沿袭新古典经济学的产物。在信息经济学理论下，公司的行为主要是基于管理层效用最大化动机来制定，不受公司所处社会结构的影响。社会网络理论弥补了这一不足，Granovetter(2005)认为，任何一个企业(或个人)都会在其社会结构中进行各种各样的活动，其所嵌入的社会网络影响了企业(或个人)的经济行为决策。社会网络理论增加了对公司网络嵌入性的考察。通过任职联结建立起的任职网络符合社会网络的特征，从网络嵌入性视角研究企业年报"管理层讨论与分析"文本的模仿效应，对于客观评价公司文本信息的决策有用性是一个十分重要的议题。

第三，本研究从独立董事联结的角度深入考察了企业间年报"管理层讨论与分析"文本的模仿效应，有利于深化独立董事联结的经济后果研究。

独立董事可以通过参加董事会会议，或者在董事会下设的审计委员会任职，了解更多有关公司经营决策的信息。独立董事在任职的企业之间起到了私有信息传递的作用，是企业重要的社会网络。独立董事联结加强了联结企业与目标企业之间的认同，从而促进了企业之间的学习模仿。从决策层面的捐赠行为、并购计划、投资行为，到经营层面的会计政策选择、盈余管理方式等，这一点均有所体现。

年报"管理层讨论与分析"文本因文本信息披露时的规范性、披露的内容、使用的语言特征不同而呈现出差异性。由于企业所处的外部环境始终处于不断变化之中，企业所经营的项目、承担的风险也具有很大的不确定性，因而企业披露年报时的文本具有不确定性。与独立董事联结的企业间其他模仿行为类似，年报"管理层讨论与分析"文本也会呈现出模仿效应。

本研究深化了独立董事联结的经济后果研究。

第四，本研究从资本市场股价联动角度考察了独立董事信息传递效应，并验证了年报"管理层讨论与分析"文本的模仿效应在二者之间起到了信息传递的作用，从非财务信息披露的角度丰富了股价联动的研究。

本研究的现实意义表现在以下三个方面。

第一，从上市公司角度来看，本研究有利于降低上市公司信息披露的不确定性。

尽管有《公司法》《上市公司治理准则》《上市公司信息披露管理办法》等强制性要求规范公司信息披露行为，但上市公司的外部经营环境、政策环境具有很大的不确定性，加上信息披露的外部性，都会增加公司信息披露的难度。面对如此不确定的环境，公司有选择地通过独立董事联结获取关于信息披露的专业性建议，能够降低信息披露决策过程和后果带来的不确定性，有利于公司保持信息披露的持续性，降低信息披露波动带来的不可预测性。

第二，从投资者角度来看，本研究从网络嵌入性视角考察上市公司"管理层讨论与分析"文本的形成，有利于投资者深入认识公司所处的社会网络关系对公司年报"管理层讨论与分析"文本的影响。

独立董事网络成为公司间私有信息传递的桥梁，在外部环境不确定性的条件下，独立董事能够起到私有信息传递的作用，并协同公司之间的文本信息披露，体现出年报"管理层讨论与分析"文本的模仿效应。本研究从网络嵌入性视角考察文本的模仿效应，有利于投资者通过联结关系"顺藤摸瓜"地追踪和评价企业的信息披露情况。

第三，从监管角度来看，年报"管理层讨论与分析"文本如何监督一直是世界各国在探索的重要议题，由于其披露的语言风格不同、披露的信息内容各异，因而无法像约束财务信息一样来约束文本信息，但对这部分内容监管的尝试却从未停止。本研究从独立董事的兼任网络出发，分析了独立董事的声誉机制和社会学习对兼任公司年报"管理层讨论与分析"文本的约束作用，从非正式制度层面提供了独立董事可能发挥作用的路径，有利于中国证监会等监管部门在实际监管法规出台过程中重视独立董事的作用，加强独立董事对年报"管理层讨论与分析"信息披露的规范性约束。

第二节 基本概念的界定

一、独立董事联结

参考刘永涛等(2015)的做法,笔者认为,两公司之间存在独立董事联结,主要是指公司董事会的独立董事之间,以及独立董事与董事之间通过至少在一个董事会同时任职而建立的直接联结关系的集合(A公司的独立董事兼任B公司的独立董事,或者A公司的董事兼任B公司的独立董事,反之亦然)。同行业企业之间的固有差异较小,比如会计准则条款、外部环境或者内部制度安排比较相似,对相同或者相似的经济业务能够模仿,本研究主要考察同行业企业之间的独立董事联结。

本研究的"独立董事联结"与"董事联结"(连锁董事)是相互联系又相互区别的概念。董事联结是指董事在两家或两家以上董事会任职。董事联结强调联结的关系。连锁董事是指存在联结关系的董事个体,也称为共同董事。独立董事联结与董事联结的联系之处在于,二者都强调基于在两家或两家以上企业董事会任职建立起的联结关系。独立董事联结是董事联结的一个细分特征,即董事联结根据董事在其中一家董事会是任内部董事还是外部董事,分为内部董事联结和独立董事联结。其区别在于,董事联结包含的范围更广,有的研究甚至把监事、高管人员也纳入董事联结研究的范畴,这虽然扩大了董事联结的外延,但是对于其中的作用机理是否明确也未可知。独立董事联结则把重心集中于考察独立董事这一职位在联结关系中扮演的作用,由于独立董事本身是外部董事,能够在不超过5家上市公司兼任,因而更能体现社会网络的特征。与股东委派董事和内部执行董事相比,独立董事的选聘更加具有外生性。因此,独立董事联结关系产生的社会网络更应被理论界和实务界关注。

二、管理层讨论与分析信息披露

本研究分析的年报"管理层讨论与分析"文本,是指根据中国证券监督管理委员会(后文简称"中国证监会")的要求,在年报中单独列示的"管理层讨论与分析"(Management Discussion and Analysis,简称"管理层讨论与分析")这部分内容。1980年,美国证券交易委员会发布"管理层讨论与分析"信息披露制度的新要求,将"管理层讨论与分析"作为一个项目单独列示,并确立了"管理层讨论与分析"信息披露的框架,要求管理层提供与流动性、资金来源、经营成果有关的信息,并且让投资者了解公司即将或预计可能产生的风险因素。在后安然时代,为了能够帮助投资者识别会计舞弊及欺诈行为,改善信息的透明度,美国证券交易委员会除了要求上市公司建立完善的内部控制体系,从信息披露制度上,还将"管理层讨论与分析"信息披露机制寄予厚望。根据文本信息披露的规范性、披露的内容、使用的语言特征等,细分为以下三个方面。

(一) 年报"管理层讨论与分析"文本完整性

中国《证券法》以法律的形式确立了年报"管理层讨论与分析"文本内容的要求,规定:"信息披露义务人披露的信息,应当真实、准确、完整,简明清晰,通俗易懂不得有虚假记载、误导性陈述或者重大遗漏。"基于《证券法》提到"真实、准确、完整"的要求,深交所从2012年开始,针对上市公司每年度的信息披露行为,依据《深圳证券交易所上市公司信息披露工作考核办法(2001年)》,从信息披露的及时性、准确性、完整性、合法性等四个方面对上市公司的信息披露情况进行评价,并发布评级报告供资本市场参与者参考。中国证监会在信息披露内容与格式的要求上,不断规范相应内容,在2012年的《公开发行证券的公司信息披露内容与格式准则第2号——年度报告的内容与格式》(以下简称《信息披露准则——年报内容与格式》)中,要求"管理层讨论与分析"包括"对主要经营情况进行回顾",以及"对未来发展进行展望"。"对主要经营情况进行回顾分析"重点包括回顾收入、成本、费用、研发投入、现金流等项目的变化及原因。"对未来发展进行展望"的内容包括行业格局、公司发展战略、经营计划,以及可能面对的风险。理论上,如果上市公司披露了上述内容的文本,则被视为年报"管理层讨论与分析"文本具有完整性。实际上,囿于上市公司年报"管理层讨论与分析"文本信息披露不规范,以及文本的计算机技术水平,本研究很难在庞杂的文本中判断上市公司是否完整地披露了所有信息。而且,相比于历史信息,投资者更需要前瞻性信息进行投资决策,因此,本研究的年报"管理层讨论与分析"文本完整性,指的是在年报"管理层讨论与分析"文本中,"对未来发展进行展望"这部分信息是否按照要求披露完整。

(二) 年报"管理层讨论与分析"文本内容

中国证监会早在 2001 年就发布了《信息披露准则——年报内容与格式》,明确要求上市公司年报中,应该披露"董事会报告"章节,不仅需要介绍企业在报告期内的经营情况,还应介绍企业在报告期内的投资情况。在 2005 年新修订的《信息披露准则——年报内容与格式》中,对"董事会报告"部分应予以披露的内容及格式进行了详细的规定,明确要求上市公司应披露"对主要经营情况进行回顾"与"对未来发展进行展望"两部分内容,以体现上市公司过去的经营情况及与未来发展前景有关的重要信息。本研究分析的年报"管理层讨论与分析"文本内容就是指上市公司在年报中披露的"管理层讨论与分析"这部分内容。

(三) 年报"管理层讨论与分析"文本特征

年报"管理层讨论与分析"文本特征是一个综合的概念,由于公司在"管理层讨论与分析"部分的用语选择具有主观性和倾向性,使得年报"管理层讨论与分析"文本呈现出一定的特征。Li(2010)归纳了研究较为充分的三个年报"管理层讨论与分析"文本特征,分别为文本信息的篇幅(how much you say it)、文本信息的语调(what do you mean)以及文本信息的透明度(how you say it)。在文本特征研究早期,由于大样本文本分析的困难,主要研究集中于文本披露的数量,现阶段更加关注文本披露的语调、语言倾向及透明度。心理学研究表明,体现人们如何表达的词汇,往往比表达的内容更有信息含量(Pennebaker and King, 1999; Pennebaker et al., 2003),因此,本研究分析的年报"管理层讨论与分析"年报文本特征,从年报"管理层讨论与分析"文本的语调、语言导向和语言模糊性三个方面展开。

三、模仿效应

Haunschild and Miner(1997)认为,当一个或者多个组织采取了一种实践活动,会增加其他组织采取该实践活动的可能性。社会互动理论认为,社会中个体的行为总是会受到所属群体的影响,同时会影响到群体中的其他人,群体间的个体互动会在群体内部产生外部性。也就是说,群体中其他个人的行为会对个人偏好、效用等方面产生影响。在此基础上,本研究认为,模仿效应指的是,处于社会网络中的企业,出于集体偏好或者预期效用等原因,有意识地模仿网络中其他企业行为的一种现象。

值得注意的是,模仿效应与传染效应有所不同。根据刘海明等(2016)的定义,传染效应是指,群体中单个或者一组个体的负面冲击对其他个体的溢出效应。这种效应源于个体之间存在的联系,例如,银行之间通过同业市场借贷产生的金融网络会产生破产串联,进而引发金融危机;商业集团的个体企业所面临的负面冲击可能殃及整个集团公司,产生传染效应;上下游企业之间,由于商业信用构成的借贷链条会导致破产连锁反应。

可以看出,传染效应主要是负面事项对组织中其他个体的溢出效应,不受组织中个体主观选择的影响,传染本身是无意识的行为。而模仿效应虽然也是基于组织个体之间存在联结而产生的,但模仿效应是个体理性选择所产生的连锁反应,是个体在不完全理性或者信息不完全的状态下进行模仿行为所产生的结果。

四、联结企业

陈仕华和卢昌崇(2013)在研究企业间高管联结关系对并购溢价决策的影响时,将联结企业(Tied Firm)描述为通过企业间高管联结关系联结的企业。可以看出,联结企业是基于联结关系产生的节点,而非基于联结关系产生的企业对。借鉴陈仕华和卢昌崇(2013)的研究,并根据本研究的分析对象,定义联结企业如下:联结企业是指存在独立董事联结关系的企业,是企业间模仿效应研究中被模仿的对象,与目标企业对应。理论上,我们应该能够清楚地界定什么是联结企业,比如在 Chiu et al. (2013)的文章中,先发生财务重述的企业就是联结企业,或者在刘永涛等(2015)的文章中,率先开展研发投入资本化的企业是联结企业,但在现实中,能够体现模仿过程的研究场景可遇不可求,很多研究采用对偶模型的方式,随机以与待考察对象存在独立联结的公司作为联结企业,或者将与待考察对象联结的群体作为联结企业。

五、目标企业

与并购文献中的目标企业不同,基于任职联结关系研究的目标企业,是指待考察的焦点企业(Focal Firm),即公司间模仿效应分析中的考察对象,与联结企业对应。

在 Chiu et al. (2013)的文章里,对于联结企业和目标企业的划分有清晰的描述,如图1-2所示。在董事兼任期间,先发生财务重述的企业是传染企业,随后在共同董事兼任的企业中发生财务重述的企业是被传染企业,也就是目标企业。图1-2清晰直观地反映了兼任关系及事件的传染路径。在信息披露等传染事件的研究中,多采用这种方式。然而,现实世界的传染有的并非是独立的事件,而是通过联结关系的影响产生的最终结果,如会计信息的相似、投资的趋同等。这类研究中,对联结企业和目标企业没有十分严格的区分,二者以企业对的形式存在,可以互相转换。结合现有研究中的表述,本研究用图1-3表示。李青原等(2015)在处理独立董事联结对盈余质

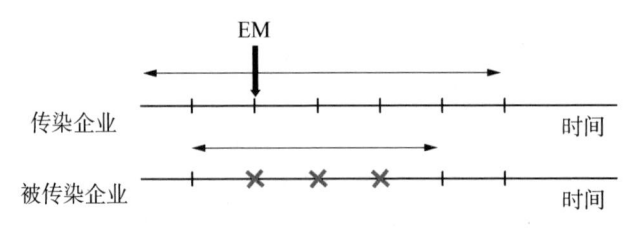

图1-2 联结企业与目标企业之间关系之一

图1-3 联结企业与目标企业之间关系之二

量相似的研究中,也采用了第二种方式,将处理好的公司对随机选择一组为信息发送公司(S),另一组为信息接收公司(R)。本研究联结企业与目标企业的思路也是在存在独立董事联结的企业对的基础上,以任意一组企业为联结企业,则另一组为目标企业。

六、股价联动

股价联动(Comovement 或 Synchronicity)是指证券市场中个股之间、个股与市场之间价格的同向变动,即人们常说的股票价格"同涨同跌"(潘宁宁和朱宏泉,2015)。股份联动不仅包括股价同步性这类个股股价与同行业、同一资本市场基本面同步变动的情况(余秋玲和朱宏泉,2014;冯旭南和徐宗余,2011),还包括股票价格跨行业、跨地区或跨市场间的共变现象(易志高和茅宁,2008)。有研究发现,股价会出现同一成分股股指联动(Barberis et al., 2005)、相同地域之间的联动(Pirinsky and Wang, 2006)、资产分类产生的联动(Barberis and Shleifer, 2003)、公司名称相近的联动(李广子等,2011)、因投资者情绪导致的股票价格联动(Green and Hwang, 2009)等特征。

Barberis et al.(2005)归纳了三种股价联动产生的原因。第一种为分类观,该观点认为,投资者为了简化投资组合决策,会将股票打包分类,比如小型股、石油股或者高风险债券,然后根据资产类型而非个股信息进行投资,从而产生某类股票价格的联动。第二种为投资者偏好观,该观点认为,由于受到交易成本、国际交易限制、信息不对称等因素的限制,大多数投资者会倾向于投资他们所熟悉的公司的股票。而由于这些投资者的风险规避、投资情绪、流动性需要等,他们所持有的股票具有共同特征,如本地公司(Coval and Moskowitz, 1999; Pirinsky and Wang, 2006)。第三种则为信息扩散观,该观点认为,由于存在市场摩擦、投资者有限注意力等情景,一个新的消息公布,会导致不同类型股票的价格对新信息响应速度的不同。

本研究基于信息扩散观考察联结公司间的股价联动现象。

第三节　研究思路与研究方法

一、研究目的与思路

年报"管理层讨论与分析"文本信息的有效性及规范性一直是资本市场监管机构及投资者十分关注的话题。要找到年报"管理层讨论与分析"文本内容的规范措施,首先应该了解年报"管理层讨论与分析"文本内容的形成过程。不同于委托代理理论下的高管自利动机对年报"管理层讨论与分析"文本内容的影响,笔者试图从社会嵌入性角度对中国上市公司年报"管理层讨论与分析"文本的形成机理进行研究,目的是检验中国广泛存在的独立董事联结关系对企业年报"管理层讨论与分析"文本的影响,并且发掘哪些因素会加强或者减弱联结关系的作用。此外,年报"管理层讨论与分析"文本信息作为资本市场最主要的信息来源,势必会对股价产生影响,本研究进一步考察了独立董事联结与资本市场股价之间的关系,从文本信息角度对股价联动现象进行解释。

根据这一研究目的,本研究以中国上市公司年报"管理层讨论与分析"文本模仿效应为主线,以此分析了独立董事联结与年报"管理层讨论与分析"文本完整性的模仿效应、年报内容的模仿效应、年报语言特征的模仿效应三个层面,并进一步分析了年报"管理层讨论与分析"文本的模仿效应对资本市场的影响。具体研究目标如下。

第一,考察独立董事联结是否会产生年报"管理层讨论与分析"文本完整性的模仿效应。基于《证券法》对信息披露义务人信息披露要求中提到的"真实、准确、完整"的要求,年报"管理层讨论与分析"文本内容要做到完整性。深圳证券交易所从2012年开始,针对上市公司每年度的信息披露行为,依据《深圳证券交易所上市公司信息披露工作考核办法(2001年)》,从信息披露的及时性、准确性、完整性、合法性等四个方面对上市公司的信息披露情况进行评价,并发布评级报告供资本市场参与者参考。现有法规对年报文本信息的约束还停留在表面,独立董事作为专业人员是否在具体审核信息披露时关注到文本信息,并及时提醒信息披露不规范、不完整的情况,形成规范性约束?因此,本章选取2013年至2019年沪深A股非金融上市公司为样本,并剔除ST、*ST公司及存在缺失值的观测值,考察存在独立董事联结的公司之间是否存在年报"管理层讨论与分析"文本完整性的模仿效应。如果年报"管理层讨论与分析"文本完整性的模仿是为了合法,那么法治环境越好、地区社会信任水平越高,越能促进年报"管理层讨论与分析"文本完整性的模仿。

第二,年报"管理层讨论与分析"这部分内容基本上包含了公司经营相关的重要事项,是对财务报表信息的补充说明,还对未来的发展前景进行了展望。尤其是展望部分的前瞻性信息,需要对宏观环境及公司前景有很好的把握,而这使得如何披露这部分信息存在很大的不确定性。基于兼任建立的任职网络能够帮助独立董事获得多家公司的综合信息,有助于其形成对公司情况的把握。本研究选取2013年至2019年沪深A股非金融上市公司为样本,并剔除ST、*ST公司及存在缺失值的观测值,考察中国广泛存在的独立董事联结关系与年报"管理层讨论与分析"文本内容的模仿效应,试图揭示在同一独立董事联结的公司间年报"管理层讨论与分析"文本更为相似的现象,并为这一现象提供合理的解释。同时,本研究进一步分析年报"管理层讨论与分析"文本模仿内容的选择,揭示上市公司是对过去的历史信息还是对未来的前瞻性信息更具依赖性。

第三,年报"管理层讨论与分析"这部分内容是对经济事项的解释说明,反映了一定的会计逻辑,应该符合基本的社会范式。高管在"管理层讨论与分析"部分的语言结构不仅是个体的理性行为,还是在特定情境下的社会行为。由于语调具有信息含量,当存在网络嵌入性时,公司是否会基于独立董事传递的私有信息来模仿?本研究选取2013年至2019年沪深A股非金融上市公司为样本,并剔除ST、*ST公司及存在缺失值的观测值,考察独立董事联结与年报"管理层讨论与分析"文本语调之间的模仿效应。同时,本研究进一步分析外部环境的不确定以及正式信息渠道的影响。此外,未来导向及语言的模糊性都是在会计框架下产生的年报"管理层讨论与分析"文本语言特征,也会产生模仿效应。

第四,已有研究认为联结关系会引发股价联动,而且这种影响主要是基于信息,但是对信息的类型并没有给出解释,更没有给出检验。如果本研究的分析有实际意义,那么年报"管理层讨论与分析"文本的模仿效应能对股价联动产生一定的解释力。因此,本研究要解释独立董事联结能否引发股价联动以及独立董事异质性对二者关系的影响,将年报"管理层讨论与分析"文本信息的相似性作为中介机制进行中介效应检验,从理论和实证方面验证年报"管理层讨论与分析"文本信息的相似是股价联动的重要机制,为独立董事联结与股价联动之间的机制提供另外一种解释。

二、研究方法

本研究的研究方法包括规范研究、经验研究及内容分析等。在文献回顾、制度背景与理论基础、独立董事联结导致企业行为模仿的机理分析部分,主要采用了规范研究方法。在对本研究提出的主要假设进行实证检验部分,采用了经验研究方法。内容分析方法主要体现在本研究对年报"管理层讨论与分析"文本进行度量上,以文本信息披露的词语选择作为文本特征的代理变量,进行相关的指标构建。针对本研究的目标和思路,具体的研究方法如下。

(一) 规范研究方法

本研究主要将规范研究方法运用于文献综述、制度背景、理论分析部分。首先,在文献综述方面,本研究依次分析了独立董事兼任的相关文献、任职联结与财务行为模仿、任职联结与信息披露行为模仿、管理层讨论与分析的国内外相关文献,并在此基础上对文献进行了述评,整理了前人的研究贡献及研究空白,为本研究提供了借鉴。其次,在制度背景方面,本研究对中国管理层讨论与分析披露制度、独立董事相关制度进行了梳理,采用描述性统计和趋势分析等方法呈现本研究的背景,并结合独立董事联结与企业行为模仿、企业信息披露的模仿效应等文献进行分析整理,提出研究问题。在理论分析部分,本研究以社会网络理论、关系认同理论、组织间行为模仿理论等为基础,剖析独立董事联结对企业文本特征模仿的影响路径,并进一步探讨目标公司的治理机制可能对二者关系产生的影响。

(二) 经验研究方法

在实证检验部分,基于年报"管理层讨论与分析"文本信息的研究范畴,考虑到技术的可操作性,本研究从年报"管理层讨论与分析"文本完整性、年报"管理层讨论与分析"文本内容及年报"管理层讨论与分析"文本特征三个角度考察企业年报"管理层讨论与分析"文本的模仿。在理论分析的基础上,本研究借鉴现有研究成果,采用描述性统计、组间系数差异检验、OLS多元回归分析、对偶模型等实证检验方法,并采用非参数检验的分析方法、QAP分析,进行相应的稳健性检验。在数据处理中主要使用了Stata15.0软件,手工数据的搜集和处理过程中还使用了Python3.7软件辅助处理。

(三)内容分析方法

内容分析方法主要体现在本书的第五、第六、第七章这三章的年报"管理层讨论与分析"文本完整性、年报"管理层讨论与分析"文本内容及年报"管理层讨论与分析"文本语言特征的指标获取上。

具体来讲,获取年报"管理层讨论与分析"文本完整性数据时,本研究通过文本挖掘获取了年报"对未来发展进行展望"这部分内容,如果年报中含有这部分内容,则进一步通过计算机文本分析技术,提取出这部分内容中的"行业发展前景""发展战略""经营计划""可能面临的风险"四个子标题下的内容;当缺少这四个子标题中的任意一个标题时,通过相似词查找,匹配与缺少的子标题相关或者相似的标题,尤其要判断年报"管理层讨论与分析"文本是否具有完整性。在获取行业公司对之间年报"管理层讨论与分析"文本余弦相似度时,首先通过计算机文本挖掘技术提取上市公司年报"管理层讨论与分析"文本,然后通过计算机程序将文本转换为文本向量,再通过计算机程序计算文本向量之间的余弦值。在年报语言特征的指标获取上,首先构建了年报"管理层讨论与分析"文本特征的词典。积极词典、未来导向词典及模糊性的词典都是通过现有的英文词典转换为中文词典,并通过WinGo文构财经文本数据平台词库的相似词查找匹配相似词,作为词典使用。本研究通过在文本内容中提取词典中的关键词,判断年报的文本特征。

第四节 研究框架和内容安排

在文本研究早期,由于大样本研究本分析的困难,主要研究集中于研究文本披露的数量,现阶段更加关注文本披露的质量、内容、语调。因此,本研究从年报"管理层讨论与分析"文本的规范性、内容和语言特征三个方面展开,考察独立董事联结产生的年报"管理层讨论与分析"文本的模仿效应。各章具体内容安排如下。

第一章,绪论。本章主要介绍选题的研究背景,引出所研究的问题,并介绍本研究的现实与理论意义、预期实现的研究目标、具体的研究内容及本研究逻辑的技术路线,还介绍了具体的研究方法。

第二章,文献综述。本章首先对独立董事的履职情况进行了回顾,为研究独立董事的社会关系角色进行了铺垫;其次,综述了任职联结对公司行为的影响,从决策层面的捐赠行为、并购计划、投资行为,到经营层面的会计政策选择、盈余管理方式等,均有所体现,指出了既有文献存在的局限和未来研究的方向;最后,对企业信息披露模仿效应的文献进行了系统梳理,引出了研究话题。

第三章,制度背景。本章梳理了年报"管理层讨论与分析"相关的国内外制度及其演变进程,介绍了美国发达资本市场与中国欠发达资本市场对信息披露中"管理层讨论与分析"这部分内容的重视程度,为年报"管理层讨论与分析"文本研究的重要性提供现实制度依据。此外,本章还梳理了独立董事制度在中国的发展情况,介绍了独立董事在监督信息披露中的职责,以及中国普遍存在的独立董事兼任现象,为独立董事联结对年报"管理层讨论与分析"文本的模仿效应提供现实依据。

第四章,理论基础。本章阐述了本研究所涉及的理论基础,包括社会网络理论、关系认同理论、社会互动理论、制度理论及组织间行为模仿理论,提供了独立董事联结与年报"管理层讨论与分析"文本特征模仿的理论基础。

第五章,独立董事联结与年报"管理层讨论与分析"披露完整性的模仿效应。相比于实务中不断完善的完整性要求,针对公司能否完整、规范地披露年报"管理层讨论与分析"文本内容的研究还处于空白状态。从近期如火如荼的年报"管理层讨论与分析"文本研究来看,并非投资者、科研人员默认公司都能够认真履行年报信息披露完整的义务,而是因为年报"管理层讨论与分析"文本信息的提取及分析需要依赖计算机文本挖掘技术及自然语言处理技术。再加上虽然有针对信息披露的规范,但没有相应的处罚,所以对是否完整地披露文本信息研究不足。本章以2012年信息披露准则为背景，选取2013年至2019年沪深A股非金融上市公司为样本，并剔除ST、*ST公司及存在缺失值的观测值，以网络嵌入性为视角，考察年报"管理层讨论与分析"文本内容完整性的模仿效应；并进一步分析哪些因素会影响二者的关系，以及联结关系带来的完整性模仿是"廉价交谈"还是"见贤思齐"。

第六章，独立董事联结与年报"管理层讨论与分析"文本内容的模仿效应。年报"管理层讨论与分析"文本内容的形成不仅仅是高管个人决策的结果，还需要在企业所处的社会结构中进行考察。独立董事联结在企业之间起到了纽带作用，是企业嵌入社会网络的重要机制，企业在年报文字表述中是否会通过在社会网络中的嵌入性参考其他企业的年报"管理层讨论与分析"文本值得研究。本章选取2013年至2019年沪深A股非金融上市公司为样本，并剔除ST、*ST公司及存在缺失值的观测值，考察中国广泛存在的独立董事联结关系与年报"管理层讨论与分析"文本内容的模仿效应，试图揭示在同一独立董事联结的公司间年报"管理层讨论与分析"文本更为相似的现象，并为这一现象提供合理的解释。本章还对不同独立董事的异质性进行了细分，进一步分析独立董事财务背景、网络位置对模仿效应的影响，试图更加详细地解释独立董事的不同背景对年报"管理层讨论与分析"文本内容的影响。本章还进一步考察年报"管理层讨论与分析"文本模仿内容的选择，到底是"对主要经营情况进行回顾"这类基于公司经营业绩的历史信息的模仿，还是"对未来发展进行展望"这类不确定性更大、更需要战略眼光和市场判断的展望信息的模仿。

第七章，独立董事联结与年报"管理层讨论与分析"文本语调的模仿效应。年报"管理层讨论与分析"这部分内容是对经济事项的解释说明，反映了一定的会计逻辑，应该符合基本的社会范式。现实中，企业并非孤立的个体，而是随着交往的增加不断发展成了社会网络，任职联结是企业嵌入社会网络的重要途径。如此高的兼任比例，已经对企业行为、企业财务信息产生了深远影响。年报"管理层讨论与分析"文本的语言特征更像是一门表达艺术，不仅没有直接的规范性约束，甚至没有明确的主旨要求，是检验独立董事联结企业间模仿效应的理想场景。本章选取2013年至2019年沪深A股非金融上市公司为样本，并剔除ST、*ST公司及存在缺失值的观测值，考察独立董事联结与年报语调之间的模仿效应。本章进一步分析了外部环境不确定是否会增强年报"管理层讨论与分析"文本语调的模仿效应,以及正式信息渠道与独立董事私有信息渠道之间的关系。本章还进一步考察了年报未来导向、年报语调模糊性等其他年报"管理层讨论与分析"文本特征是否存在模仿效应。

第八章,独立董事联结、年报"管理层讨论与分析"披露趋同与股份联动。以往研究注意到联结关系能够导致股价联动效应,而且支持了信息传递是股价联动产生的原因,但都是基于公司内部信息的传递,对于公开披露的信息关注不多。投资者所获取的信息更多是上市公司的公开信息,能够挖掘到的内部信息有限。年报"管理层讨论与分析"文本信息是公开披露的信息,年报"管理层讨论与分析"文本内容、语言特征均能对公司短期市场(Davis et al., 2012; Feldman et al., 2010; Huang et al., 2014)、IPO抑价(Jegadeesh and Wu, 2013; Loughran and McDonald, 2013)、股价和交易量(Brochet et al., 2012)产生重要影响。既然独立董事联结能够产生年报"管理层讨论与分析"文本的模仿效应,那么对年报"管理层讨论与分析"文本信息的解读能否产生股价联动效应,值得研究。本章选取2013年至2019年沪深A股非金融上市公司为样本,并剔除ST、*ST公司及存在缺失值的观测值,考察独立董事联结带来的年报"管理层讨论与分析"文本模仿效应能否对资本市场产生影响,导致股价联动现象。同时,本章考察了独立董事联结强度、独立董事财务背景等影响年报"管理层讨论与分析"文本内容模仿效应的因素能否影响股价联动,还进一步利用中介效应检验验证年报"管理层讨论与分析"文本模仿效应在独立董事联结与股价联动之间的中介作用。

第九章,研究结论、启示与政策建议。本章主要是根据前述基本理论分析和实证研究的结果,总结独立董事联结对年报"管理层讨论与分析"文本信息的影响,从年报"管理层讨论与分析"文本完整性、年报"管理层讨论与分析"文本内容、年报"管理层讨论与分析"文本语言特征三个方面分析企业的年报"管理层讨论与分析"文本,以及年报"管理层讨论与分析"文本模仿所带来的股价联动,提高市场关注度。同时,本章结合研究主体提出相应的政策建议和未来研究方向。

本研究的框架如图1-4所示。

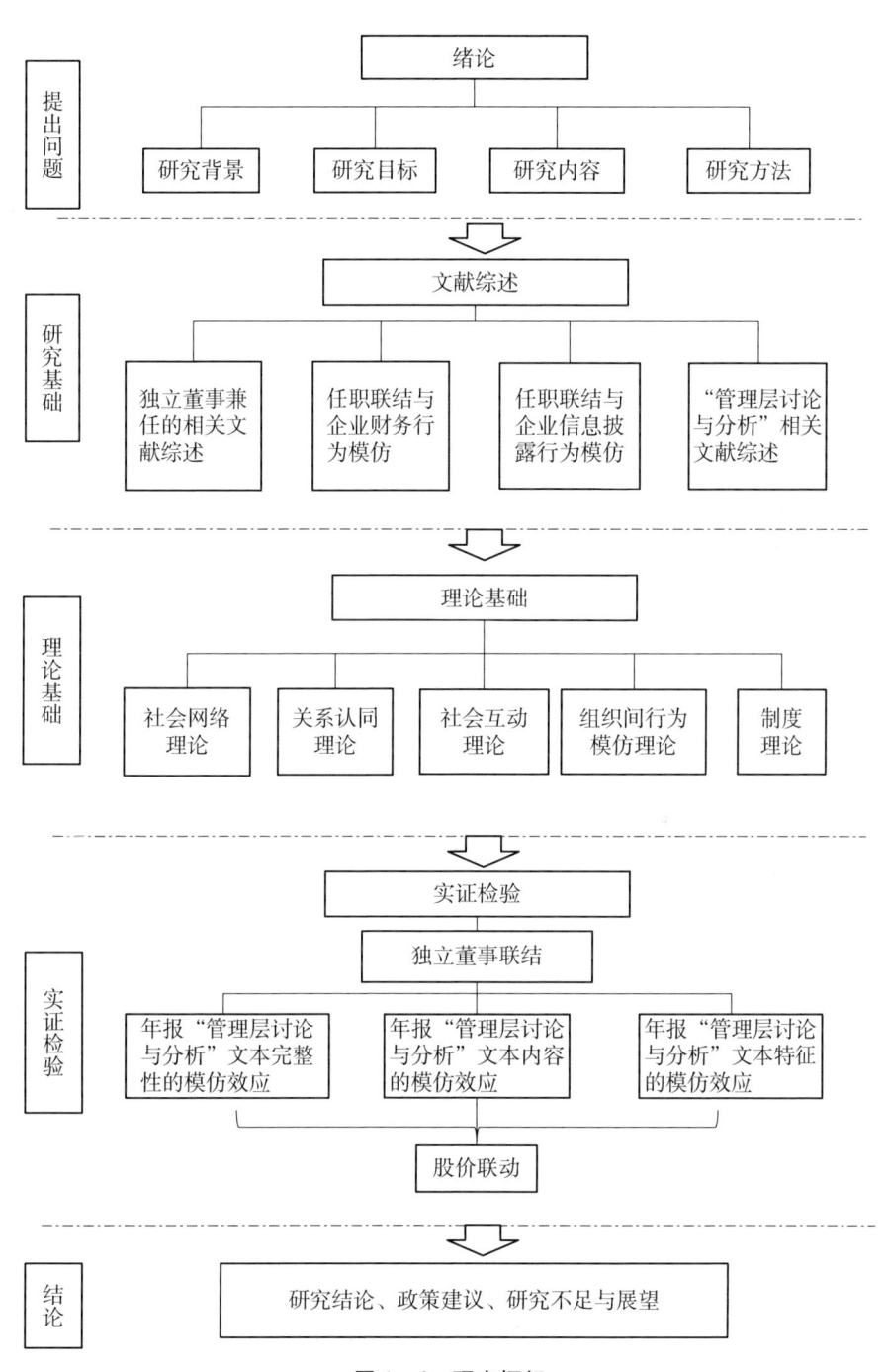

```
┌──────┐   ┌─────────────────────────────────────────────┐
│ 提出 │   │                   绪论                      │
│ 问题 │   │    ┌────────┬────────┬────────┬────────┐    │
│      │   │  研究背景  研究目标  研究内容  研究方法      │
└──────┘   └─────────────────────────────────────────────┘

┌──────┐   ┌─────────────────────────────────────────────┐
│ 研究 │   │                 文献综述                    │
│ 基础 │   │  ┌──────────┬──────────┬──────────┬──────┐  │
│      │   │  独立董事兼  任职联结与  任职联结与  "管理层讨论│
│      │   │  任的相关文  企业财务行  企业信息披  与分析"相关│
│      │   │  献综述      为模仿      露行为模仿  文献综述  │
└──────┘   └─────────────────────────────────────────────┘

┌──────┐   ┌─────────────────────────────────────────────┐
│ 理论 │   │                 理论基础                    │
│ 基础 │   │  社会网络  关系认同  社会互动  组织间行为  制度│
│      │   │  理论      理论      理论      模仿理论    理论│
└──────┘   └─────────────────────────────────────────────┘

┌──────┐   ┌─────────────────────────────────────────────┐
│ 实证 │   │                 实证检验                    │
│ 检验 │   │                独立董事联结                 │
│      │   │  年报"管理层讨论  年报"管理层讨论  年报"管理层讨论│
│      │   │  与分析"文本完整  与分析"文本内容  与分析"文本特征│
│      │   │  性的模仿效应     的模仿效应       的模仿效应   │
│      │   │                  股价联动                   │
└──────┘   └─────────────────────────────────────────────┘

┌──────┐   ┌─────────────────────────────────────────────┐
│ 结论 │   │      研究结论、政策建议、研究不足与展望      │
└──────┘   └─────────────────────────────────────────────┘
```

图 1-4　研究框架

第五节　主要创新点

与国内外的研究成果相比,本研究的创新点可能表现在以下三个方面。

第一,从理论上厘清了独立董事联结对企业间年报"管理层讨论与分析"文本模仿效应的影响机理,丰富了年报"管理层讨论与分析"文本的影响因素研究。

以往从公司治理、信息不对称角度研究年报"管理层讨论与分析"文本,忽略了外部环境不确定性对文本信息的影响,本研究从企业网络嵌入性视角考察年报"管理层讨论与分析"文本,梳理了独立董事联结信息传递能力和规范性同形两方面对企业间年报"管理层讨论与分析"文本模仿效应的影响,拓展了年报"管理层讨论与分析"文本的影响因素研究,有利于更好地理解年报"管理层讨论与分析"文本的形成过程。

第二,构建了中文语境下的年报未来导向和年报模糊词典,为中文年报"管理层讨论与分析"文本特征研究提供了方法借鉴。

本研究借鉴了以往中文词典的构建思路,将 Python 语言和"WinGo 文构财经文本数据平台—自定义特征数据库"的相似词计算结合使用,率先构建了中文语言导向词典和中文模糊词典;进一步对年报"管理层讨论与分析"的文字信息部分进行文本分析、关键词提取、词频统计,最终得到年报的语调、语言导向、可读性等相关指标。由于词典构建过程均通过计算机程序完成,可以进行复制,因而为年报"管理层讨论与分析"文本特征的研究提供了方法借鉴。

第三,从外部信息的角度验证了股价联动产生的机理。

中国股票市场的股价联动是投资者十分关注的重要议题,两两公司之间的股价联动主要分为分类观、信息观与偏好观。社会网络理论的发展为股价联动现象提供了新的解释。陆贤伟等(2013)、陈运森和郑登津(2018),都是基于私有信息传递进行解读,而外部信息能否导致股价联动是一个易被忽视却更加直观的话题。本研究不仅验证了独立董事联结能够导致股价联动,而且发现年报"管理层讨论与分析"文本相似性、语言特征相似性都在独立董事联结与股价联动之间起到了中介作用,说明了外部披露信息的相似性是影响股价联动的另一个重要机制。本研究无论是对关注联结公司的年报"管理层讨论与分析"文本模仿,还是对资本市场的股价联动,都具有重要意义。

第二章 文献综述

本章将从独立董事兼任与企业网络嵌入、任职联结与企业行为模仿与企业信息披露行为的模仿效应三个方面对现有的研究进行回顾与评述。

第一节 独立董事兼任的相关文献综述

为了缓解信息不对称导致的代理问题,股东通过董事会控制管理层,确保公司实现股东利益最大化。在董事会成员中,独立董事具有独立性,逐渐成为上市公司不可或缺的治理机制。20世纪中期,美国率先引入独立董事制度,继而该制度发展到世界范围内的其他上市公司,成为重要的公司治理制度。

虽然有研究发现,相比于内部董事,独立董事对公司业绩起到积极影响(Fama and Jensen, 1983)。独立董事占比越高,越能够提高管理层的薪酬-业绩敏感性(Hall and Murphy, 2003),CEO因业绩不佳变更的可能性增大(Weisbach, 1988),公司业绩越好(王跃堂等,2006)。独立董事对于抑制大股东掏空行为也起到了重要的监督作用(叶康涛等,2007),但是更多的研究认为,独立董事体现出"不独立""不懂事""不作为"的特点。原因之一是,独立董事监督所需的信息依赖于管理层,处于信息劣势一方,缺少监督管理层的相关信息,从而不能很好地发挥监督作用。Armstrong et al. (2010)认为,内部董事和独立董事在内部信息获取中存在差异,内部董事能够直接获取公司信息,而独立董事获取的信息一般是管理层披露的信息,存在信息劣势。而且,在中国,控股股东"一股独大"或者"内部人控制"的情况比较普遍,而多数情况下的独立董事由控股股东或者管理层提名(刘浩等,2012),

因此独立董事在公司治理中的作用不明显。唐雪松等(2010)通过研究独立董事发表否定意见的动机,发现独立董事更可能出于避免席位丢失,或者规避财富损失的动机发表否定意见。即使在其他上市公司兼任,也因是外部董事,独立董事很难深入了解公司的经营管理情况,再加上精力有限,其对公司的治理作用只是"走马观花"(Shivdasani and Yermack, 1999; Fich and Shivdasani, 2006)。杨有红、黄志雄(2015)通过问卷调查对现阶段独立董事履职状况进行了研究,发现独立董事履职更多是为了合规,而非为了增加公司效益,其履职效果的发挥依赖于企业的重视程度和沟通程度。这类研究延续了委托代理理论框架,对独立董事的履职效果还存在一定争议。

既然独立董事监督职能不明显,为什么现实中的独立董事兼任现象不减反增?据卢昌崇和陈仕华(2009)研究,截至2007年中国A股市场平均每年有72.13%的上市公司有连锁董事,陈运森和郑登津(2017)统计了2003—2012年董事兼任现象,发现平均比例已经提升到83%,比过去数年间美国上市公司75%的董事兼任比例高出8%。

对于现实中独立董事监督功能虽已弱化但仍然普遍存在大量独立董事兼任的现象,Adams and Ferreira(2007)认为,独立董事的咨询职能起到了重要作用。将社会网络理论引入独立董事兼任研究是独立董事兼任研究领域的一大重要突破。社会网络理论以Granovetter(1973)的研究为代表,他提出了社会网络中个体联结强度的概念,认为人与人、组织与组织之间因为发生交流和接触而存在一种纽带关系,并依据联结的特征将这种纽带关系分为强联结关系和弱联结关系。强联结关系是在群体内部发生的,对该群体的认知和了解较为一致;弱联结关系是在不同群体之间发生的,其通过社会网络在异质性群体之间建立联系,因此弱联结关系在群体、组织之间发挥着纽带的作用。从网络视角来看,独立董事在不同上市公司任职,通过任职联结建立起了公司之间的联系,有利于信息传递与资源配置。很多研究通过理论分析和经验证据表明,企业派出或者聘请独立董事不仅是为了满足中国《上市公司治理准则》中关于公司治理的要求,还是为了满足企业加入社会网络、获取私有信息的社会需求。而独立董事所处的网络位置,增加了独立董事的独立性,有利于独立董事更好地发挥治理作用。

一、独立董事兼任的信息效应

Fracassi(2008)根据模型推理发现,独立董事网络是不同公司间一种非正式的私人信息渠道。Larcker et al.(2013)认为,独立董事网络嵌入性越强,越容易获取信息和专业知识,从而减少对外部信息的依赖。国内的学者将社会网络与独立董事兼任结合,研究视角更加丰富,根据郑方(2011)的观点,连锁董事网络节点具有二元性,独立董事兼任网络的节点也具有二元性,既可以把独立董事作为节点,考察独立董事网络位置的信息获取能力,又可以把企业作为节点,考察独立董事作为信息传递纽带的作用。

从独立董事网络位置的研究发现,独立董事联结起到了非正式信息渠道的作用,独立董事网络中心度越高,企业绩效越好(陈运森等,2018)。万良勇、胡璟(2014)研究发现,独立董事的网络中心度越高,其越能够为公司并购提供咨询意见,公司更有动力进行并购,并购的概率增加,且独立董事网络位置作为非正式制度可以作为正式制度的重要补充,在正式制度弱的地区,独立董事网络中心度越高,公司并购的概率越高。Ke et al.(2020)从上下游公司董事兼任考察公司的信息获取能力,发现公司存在上下游董事兼任,能够提供更加准确的管理层预测。从企业网络位置的研究发现,位于网络结构洞位置的企业,具有控制优势和信息优势,从而享有较低的商业信用使用成本(陈运森,2015)。王文姣等(2017)基于嵌入性和公司内外部间信息双向传递的视角发现,独立董事网络有助于在公司内部与公司外部双向传递信息,这种信息双向传递既降低了代理问题,又减少了内外部信息不对称,因此降低了公司被诉风险。

二、独立董事兼任的资源效应

根据社会网络的社会资本理论,独立董事的任职网络自然成为公司重要的社会资本。Granovetter(1973)认为,人与人、组织与组织之间因为发生交流和接触而存在一种纽带关系。社会网络就是一组行动者及联结他们的各种关系的集合(Kilduff and Tsai, 2003)。Adler and Kwon(2002)认为,社会资本来自个体关系网络中真实或者潜在资源的总和。社会网络可以使个体获得知识、信息(Lin,2002;Freeman,1979)及网络中的资源(Wernerfelt,1984),而且社会网络本身也是企业重要的社会资本。中国具有典型的"关系型"社会的特点,自古以来"关系"在社会中的影响力巨大(庄贵军、席酉民,2003),加上法律制度不完善,缺乏完善的市场机制,企业倾向于通过社会网络寻求资源(游家兴、刘淳,2011;石秀印,1998;程恩富、彭文兵,2002)。网络位置重要的独立董事可以凭借上述社会资本中的较高声誉为任职企业提供抵押担保,借助自身的信息优势降低企业与外部利益相关者之间的信息不对称程度(Casella and Rauch,2002),增强企业间的信任程度(McMillan and Woodruff,1999;Guiso et al.,2004),进而帮助企业获得镶嵌在关系网络中的对其经营和战略发展具有重要作用的各类经济资源。董事网络能够携载资金和知识(Faleye et al.,2014;Helmers et al.,2015)。Fang et al.(2012)发现,CEO的社会网络越丰富,企业价值越高。王营和曹廷求(2014),曹春方和许楠(2015)发现,企业董事网络越丰富,越容易获得信贷资源的优先配置,具体到债务融资和商业信用这类基于信用的信贷资金规模越大。张勇(2020)认为,独立董事与企业是"声誉共同体",网络位置高体现了独立董事较高的社会声望,企业的声誉,也会根据独立董事的声誉而水涨船高。因此,独立网络位置产生的"符号效用"帮助企业增加了商业信用。

正因为社会网络是个体社会资本的体现,处于社会网络中的个体为了获取私有收益愿意发展网络关系,才使得任职网络现象无论在西方发达国家还是在中国都普遍存在。

三、独立董事兼任的治理效应

处于结构洞位置或者网络中心的董事,有助于降低企业的代理成本(Caiazza and Simoni,2013)。网络中心位置的董事所在的企业,其公司治理机制更加完善(陈仕华,2009)。根据社会资本理论,董事社会网络关系是董事声誉的一种体现,董事的社会网络关系增强了董事的监督权力(陈运森和谢德仁,2012)。对于公司治理效果的研究,主要包括以下几个方面:(1)盈余管理方面。从盈余管理角度出发,傅代国和夏常源(2014)证明了独立董事网络中心度与公司盈余信息质量呈正相关关系,网络中心度高的独立董事,不仅降低了公司的盈余管理水平,还提升了当前盈余的预测能力。Shu et al.(2020)认为,董事外部联结可以通过学习效应掌握公司实际操纵盈余的方式,能更好地甄别公司的盈余管理行为,降低公司的盈余管理水平。陈汉文等(2019)发现,在降低应计盈余管理水平上,独立董事联结能够替代内部控制发挥作用,而在降低真实活动盈余管理水平上,独立董事联结不能替代内部控制发挥作用,因此,独立董事联结虽然能够降低盈余管理水平,但在全面性上弱于内部控制的治理作用。(2)高管薪酬方面。李洋等(2019)从高管薪酬黏性的角度,研究董事网络的治理作用,研究结果认为,董事网络能够抑制高管权力,从而降低高管薪酬黏性。相比于内部董事网络能够增强高管权力,外部董事网络能够切实减弱高管权力,外部董事网络对高管薪酬黏性的减弱作用更明显。周军等(2018)认为,公司董事的网络中心度越高,越能降低股价崩盘的风险。但内部董事的治理作用要高于独立董事。(3)非效率投资方面。余明桂和宁莎莎(2016)研究认为,独立董事社会网络有助于抑制非效率投资,细分社会网络后发现,网络规模并不影响非效率投资,起到重要影响的是构成独立董事网络的任职背景、时间非冗余性及网络密度。(4)公司违规方面。万良勇等(2014)通过实证检验发现,独立董事网络中心度越高,拥有越多的社会资本,就越能够促进网络中心的独立董事发挥治理作用,抑制公司违规;细分公司违规的类型后发现,网络中心度高的独立董事,主要在信息披露违规方面发挥治理作用,对于经营违规等其他违规行为的抑制作用不明显。江新峰等(2020)借由"忙碌"独董与企业违规的关系,考察"忙碌"独董的履职效果,发现"忙碌"独董的存在会降低企业违规行为发生的概率及频率。机制检验发现,"忙碌"独董出于个人声誉维护动机,会更加勤勉,更好地发挥治理作用。(5)财务报告质量方面。陈运森(2012)检验了独立董事网络中心度与公司信息披露质量的关系,研究发现,独立董事网络中心度越高,独立董事的声誉越好,且在网络中获取的信息越丰富,也越能促进独立董事发挥监督作用,提高公司信息披露质量。采用不同方式度量信息披露质量,结论依然稳健。(6)外部治理机制方面。邢秋航和韩晓梅(2018)认为,独立董事网络位置越趋于中心,表明其声誉越高,独立董事为了维护社会上的声誉,倾向于在其任职的公司选择高质量审计师。王文姣等(2017)认为,独立董事网络并未强化独立董事监督职能,而是通过信息传递增强证券分析师和机构投资者等的外部监督力量,改善了公司信息环境。

以上研究基于"独立董事的兼任外生于独立董事个人特征,是独立董事专业性和能力的体现"这一假设基础;如果独立董事的兼任是独立董事内生构建社会影响力的结果,也会带来负面影响。阶层领导理论认为,处于网络中心位置的个体会极力维护团体的利益,而这势必会形成一定的排他性,导致网络的封闭,进而造成网络中个体的惰性,从而降低治理水平。Barnea and Guedj(2009)研究发现,当董事不是通过提供监督,而是通过构建社会网络来提高声誉时,董事会对管理层进行"软监督"(soft monitoring),降低监督职能,使得高管薪酬提高,并伴随着高管薪酬与公司业绩敏感性、管理层变更与公司业绩敏感性、管理层被强制变更的可能性下降。此外,如果网络中的董事只为追求个人利益,其所处的网络位置所产生的社会资本将不能为企业带来收益,而且董事的监督职能也将失效。董事网络存在的"惰性"与"寻租"行为将对董事的治理效应产生负面影响(刘颖等,2015;Andres and Lehmann,2010)。刘新民等(2018)基于中国创业板公司的研究发现,企业网络资源的丰富增加了代理人攫取利益的可能性,会造成"资源诅咒"。

第二节 任职联结与企业财务行为模仿

由于任职联结研究的主体,既有包含董事、监事、高管在不同公司兼任导致的高管联结(张娆,2014;周晓苏等,2017),也有仅包含董事在不同公司兼任导致的董事联结(陈仕华等,2013;陈仕华和马超,2012;陈运森和郑登津,2017),还有剥离掉高管和执行董事,只研究独立董事联结的(李青原等,2015),因而以往的研究并未对联结主体加以区分。因此,本书在研究综述中也统一进行了综述。

Useem(1984)最早探讨了连锁董事的信息传递效应,他认为,存在连锁董事能够使管理层把握宏观的商业环境和最新的商业实践,从而选择最优的商业行动。在联结公司产生的有价值的信息能够帮助目标公司将其运用在自身的决策中。Haunschild(1993)研究发现,存在连锁董事的企业之间有相似的并购行为。Haunschild and Beckman(1998)进一步发现,在并购行为中,相比于媒体这样的正式信息渠道,连锁董事这种非正式信息渠道的信息传递作用更明显。Richardson et al.(2003)研究发现,有共同董事的企业之间在公司决策上存在一致性。Brown and Drake(2014)研究发现,与低税收公司存在董事联结的公司可能拥有更低的有效税率。Chiu and Teoh(2013)基于美国上市公司数据研究发现,目标公司会模仿联结公司的盈余管理行为,联结公司如果进行财务重述,则目标公司随后进行财务重述的可能性更大。如果联结公司取消季度盈余公告,目标企业也会取消季度盈余公告(Cai et al.,2014)。Han et al.(2017)发现,董事联结可以影响企业的会计方法选择,公司高管会模仿与其有董事联结的公司的会计方法。高管在决定本公司研发投入时,也会参考联结公司的研发决策活动(Han et al.,2015)。

中国关系型社会的特点,使得董事在不同上市公司兼任成为普遍现象,有利于研究的展开。陈仕华和马超(2011)研究了汶川地震后上市公司的捐赠行为,发现存在高管联结的企业之间的慈善行为具有一致性。此外,陈仕华和卢昌崇(2013)还发现,高管联结使得企业支付的并购溢价存在明显的模仿效应,目标企业会模仿联结企业支付较多的并购溢价。企业间高管联结还会导致财务重述行为扩散(陈仕华和陈钢,2013)。在会计师事务所的选择(陈仕华和马超,2012)、会计政策的选择(韩鹤,2015;刘永涛等,2015)、投资行为(陈运森和郑登津,2017)等方面,董事联结的存在都使得目标公司与联结公司之间存在更大的一致性。

通过梳理现有文献可以看出,国外研究董事兼任没有区分独立董事和内部董事,刘永涛等(2015)认为,这一现象可能是因为在美国等成熟资本主义国家,独立董事制度经过不断发展,相对比较成熟,独立董事能在公司治理中发挥更大的作用。而中国的独立董事制度一开始是为了满足董事会中所要求存在的一定席位才引入的,随着公司治理的发展才越来越受到重视。

还有一个可能的原因在于,在美国等发达资本市场和中国等新兴资本市场,董事的委任方式有所不同。在发达资本市场,股权结构较为分散,董事兼任的公司之间是平行的关系;加之经济人市场完善,董事兼任可能是基于自身的职业声誉,和独立董事兼任没有太大区别,都能起到信息传递的作用。而在新兴资本市场,股权集中,在金字塔结构下,董事的兼任很有可能是同一控制人委派或者任命导致的,董事兼任只是控制权的一种延伸,传递的信息也是同质信息;而独立董事是外部董事,独立董事的兼任具有更高的独立性,兼任的公司数量更多,带来的异质性信息更加丰富。因此,在新兴资本市场的研究中,独立董事兼任更能够带来信息传递效应。刘永涛等

(2015)统计发现,2010年连锁董事中独立董事连锁占比超过70%,独立董事占据了信息优势和控制优势,在获取和发挥异质性资源作用中起到了主导作用。

第三节 任职联结与企业信息披露行为模仿

企业信息披露行为,是提高投资者信心,缓解信息不对称的重要途径。为了规范企业信息披露程序,监督企业信息披露过程,世界各国都进行了企业信息披露的制度安排,通过强制手段要求企业增加信息披露并提高信息披露的质量。信息披露制度的强制性要求及利益相关者的监督,增加了企业信息披露的压力,而将公司情况完全披露于资本市场既会增加信息披露成本,也会带来一定的风险,存在很大的不确定性。

制度理论认为,现有企业为了获得制度的正当性,可以通过模仿其他企业的行为,以符合一定的社会规范。Carpenter and Feroz(2001)较早地引入制度理论来解释美国地方政府信息披露的动机,研究发现,在制度压力下,与较早采用GAAP(Generally Accepted Accounting Principle,一般公认会计原则)的州政府不同,较晚采用GAAP的州政府是为了达到规范性而采取的模仿行为。Aerts(2006)将研究视角转向微观的公司层面,发现相同行业的公司之间环境信息披露存在模仿效应。环境信息披露的外在相似度水平及内在相似度水平会显著影响企业当期的相似度水平。沈洪涛和苏亮德(2012)基于中国制度背景也发现了相似的现象,以中国重污染行业为研究对象,发现在合法性压力和不确定性条件下,重污染行业的上市公司在环境信息披露方面存在模仿效应;从模仿对象上看,主要是模仿行业内其他企业的平均水平,而不是模仿领先者。从这一结论看,中国上市公司信息披露模仿存在"随大流"的从众心理,主要是为了提高合法性,而非为了提高披露效率。与之类似的还有内部控制缺陷披露,由于现实中的内部控制缺陷属于"坏消息",管理层有动机减少对内部控制缺陷的披露,但是在合法性压力下,其会选择与社会规范保持一致,加之内部控制披露监管不完善,上市公司的内部控制缺陷披露存在较大的自主性,在这种不确定的条件下,企业会模仿其他企业的内部控制缺陷披露。资本市场和监管机构虽然能够识别上市公司掩盖内部控制缺陷的行为,但对于存在的模仿效应并不能够准确识别(李晓慧等,2019)。

除了强制性信息披露,企业自愿性信息披露也存在模仿效应。企业社会责任报告既有强制性披露的部分,也有自愿性披露的部分,是检验连锁董事模仿的理想场景。韩洁等(2015)认为,企业履行社会责任需要付出人力、资源等成本,而收益的获取并不是立竿见影的,这就使得披露决策存在一定的不确定性,加之企业无法预测未来环境政策的变化,模仿连锁董事所在公司的社会责任信息披露决策就不失为一个可行的方案。研究结果证实了这一观点,连锁公司之前的社会责任信息披露行为对目标公司之后的社会责任信息披露行为有显著的正向影响,而且董事的类型及连锁公司的地域关系会促进这种正向影响。

较之特定信息披露的规范性要求,对信息披露的内容、修辞、主题等特征的强制性要求还比较欠缺。Lamertz and Martens(2011)以加拿大上市公司为例,研究了公司的 IPO 交易网络嵌入性对信息披露内容的影响,发现两家 IPO 公司的招股说明书中的风险、战略和治理形象等内容的披露存在相似性。共同审计师及审计师风格均能够影响年报"管理层讨论与分析"文本信息披露,导致年报"管理层讨论与分析"文本具有相似性。De Franco et al. (2020)研究发现,审计师通过审查年报"管理层讨论与分析"文本信息对年报"管理层讨论与分析"文本内容产生影响,同一审计师审计的公司之间年报"管理层讨论与分析"文本更相似。虽然没有针对年报"管理层讨论与分析"文本的审计要求,但是审计师会有意无意地影响年报"管理层讨论与分析"文本披露,从而导致相同审计师审计的"管理层讨论与分析"文本具有相似性。Johnston and Zhang(2018)研究发现,相比于中小会计师事务所审计缺乏系统性,四大会计师事务所形成了各具特色的审计系统,从而导致其客户会按照事务所的信息披露要求形成相似的年报"管理层讨论与分析"文本表述。

第四节 年报"管理层讨论与分析"的相关文献综述

会计的本质是为投资者提供决策相关的信息(Li,2010)。年报的财务信息一直是上市公司需要向投资者报告的重要信息,那么年报中的非财务信息是否有意义? 一直以来,这一点无法获得大样本的经验研究。公司年报除资产负债表、利润表及现金流量表等会计报表外,还包括对三大财务报表中数据进行描述的解释性语言,以及公司对未来业绩预测的文字部分。随着经济社会的发展,投资者对上市公司的信息需求增加,年报信息披露的文字部分也越来越丰富,已经超过了会计报表,成为上市公司年报的主体部分。随着计算机文本挖掘技术及自然语言处理技术的发展,对年报非财务信息的获取具有了可实现的技术基础,对非财务信息的研究如雨后春笋般涌现。从现有研究来看,主要分为两个部分,一个部分是考察年报"管理层讨论与分析"文本的披露动机,另一部分是考察年报"管理层讨论与分析"文本的信息含量。

一、年报"管理层讨论与分析"的披露选择

财务信息披露的内容、时机、准确性等方面都需要仔细斟酌。以文本形式为载体的非财务信息缺乏规范约束,高管选择性较多又决定了管理层可以选择文本披露的形式、内容、语言等,相关研究也证实了这一点。

(一) 选择披露的形式

心理学认为,人们会对鲜艳的色彩提高注意力,而对暗淡的色彩感到疲惫并容易选择忽视。上市公司在发布的年报中通过年报的主题设计、色彩和图片的选择及字体的设计来引导投资者的注意力。Breitbarth et al. (2010)认为,报告中的图片不仅仅用于说明文字信息,而且具有信息功能。McKinstry (1996)发现,Burton 公司 1930—1994 年的年报使用图片和公司设计向外界传达公司的形象。Steinbart(1989)认为,适当地构建图表可以起到强调和突出数据发展趋势的作用,而不合理地构建图表则会扭曲数据的趋势,误导投资者。他还发现,大部分上市公司年报中的图表都能与财务报告的数据保持一致,少数上市公司年报中的图表会用更受欢迎的方式夸大财务报告的业绩。

(二) 选择披露的语言

早期的绝大多数研究认为管理层语调具有积极意义,与公司的未来盈

余显著正相关。年报（Loughran and Mcdonald, 2011）、管理层讨论与分析（Bochkay and Levine, 2013; Davis et al., 2012）中的管理层语调对公司未来业绩具有预测能力。但是有研究发现，由于文字信息没有监管的要求，大篇幅的文字表述被用来配合公司的战略目标，在信息不对称的情况下，公司年报文本信息的语调可能被管理层操纵，以实现其自利目的。Deegan and Gordon（1996）以澳大利亚上市公司为样本进行研究，发现财务报告的会计叙述中强调了发展环境的积极方面，而不是消极方面。Brockman et al.（2013）分析了管理层语调与内部人交易之间的关系，以美国上市公司的电话会议作为管理层语调的度量指标，发现内部人买卖公司股份的行为与公司电话会议语调显著负相关，即公司电话会议语调越消极，内部人越容易买入公司股票；而公司电话会议语调越积极，内部人越容易卖出公司股份。文本语调确实是内部人管理或操纵信息披露的一种手段。基于中国的经验证据也发现，年报"管理层讨论与分析"部分的语调披露是"口是心非"的，管理层会选择增加（或降低）文本中的积极词汇来配合内部人减持（或增持）的行为（曾庆生等，2018）。管理层还会利用年报语调配合上市公司的盈余管理行为（黄超和王敏，2019）。

由于年报"管理层讨论与分析"文本信息是对公司经济事项的反映，对过去经营情况的总结体现为回顾性总结，而在对未来经营情况的展望中使用的词语多具有未来导向（future-oriented）。Bryan（1997）发现，公司对未来经营情况和资本支出的讨论与未来短期业绩正相关。年报的语言导向也可以成为误导投资者的方式之一，Pava and Epstein（1993）研究了25家美国公司年报的文本信息，发现公司在管理层讨论与分析部分预测积极经济后果的可能性是预测消极经济后果的两倍。Clatworthy and Jones（2006）认为，对未来的讨论是管理者用来转移股东、投资者对公司业绩不佳的注意力的一种机制，因为盈利公司的会计报表更多地关注当前业绩，而不是未来，但亏损公司的会计报表更多地展望未来。Schleicher et al.（2007）对比了盈利公司与亏损公司的年报"管理层讨论与分析"文本信息与盈余反映系数之间的关系，发现亏损公司更容易在年报中讨论未来的盈余预期，以提高下一会计年度的股价。中国上市公司的年报在"管理层讨论与分析"部分包括对过去经营情况的总结及对未来的展望，但对于年报"管理层讨论与分析"文本中的语言导向，我国还缺少相关文献。

从语言模糊性上看,Li(2008)从管理层模糊假说出发,研究年报文本信息披露的质量,发现盈余质量更差的公司年报更难读,年报可读性高的公司盈余持续性强。Bloomfield(2002)认为,如果市场对不易公开获得的信息反应不完全,那么当公司业绩较差时,高管们就会有更大的动机去混淆信息。不同于其他学者关注管理层在年报信息披露中选择的表述,Leung et al.(2015)发现,管理层还会在年报中故意遗漏某些信息。遗漏信息的公司与其他公司相比,在经营审查、公司概况、目标和战略等的叙述性表述中体现得非常明显,而且公司业绩越差、越有可能陷入财务困境,其越可能在文本叙述中遗漏信息。语言模糊也是降低年报可读性的方式之一,目前,单独从年报语言模糊性方面进行研究的中文文献还比较缺乏。

(三) 选择披露的内容

关于特定内容披露的研究,Merkley(2014)分析了公司盈余与研发文本信息披露的关系,研究发现,公司会基于当期盈余披露相关的研发活动信息,当期盈余越少,则会披露越多的研发活动文本信息,而这一行为并非为掩盖业绩不善的情况。年报中的前瞻性陈述(forward-looking statements)有利于投资者对公司未来的发展做出合理的预测,实证结果表明,年报管理层讨论与分析部分的前瞻性陈述能够预测未来的业绩增长情况。王爱群等(2019)研究了风险投资对企业战略信息披露的影响,发现有风险投资机构投资者的企业会披露更多的战略信息,战略信息披露不是为了掩饰企业的盈余操纵行为,而是为了通过信息披露途径对风险投资机构的投后管理机制产生正向促进作用。

二、年报"管理层讨论与分析"的经济后果

从目前的研究来看,根据文本分析视角差异,可以将这些文献粗略地分为三类:第一类文献倾向于总结上市公司年报文本的语言特征,并检验其经济后果;第二类文献从前瞻性信息、行业与公司特质信息、经营业务信息、研发活动、社会责任活动等局部信息内容出发,探讨年报文本特定信息的信息含量;第三类文献则从信息比较的角度,考察年报文本信息的变动(或者延续性)的信息含量。简单来讲,第一类主要研究上市公司年报文本特征及其

经济后果,第二类主要研究上市公司年报文本内容及其经济后果,最后一类主要研究上市公司同类信息的披露一致性及其经济后果。

(一) 语言特征的经济后果

管理层在披露公司业绩时的语言情绪和语调存在差异,这种差异会对公司短期市场反应产生正向的影响(Davis et al., 2012; Feldman et al., 2010; Huang et al., 2014)。Rogers et al.(2011)研究管理层披露语调与股东诉讼风险的关系,发现原告关注公司乐观的陈述,而且与其他经历类似经济环境的公司相比,被诉公司的收益公告异常乐观,说明管理层披露的乐观语调可能增加诉讼风险。Schleicher et al.(2007)对比了盈利公司与亏损公司的年报"管理层讨论与分析"文本信息与盈余反映系数之间的关系,发现在年报中讨论未来的盈余预期有利于提高公司在下一会计年度的股价。Muslu et al.(2015)检验了管理层讨论与分析的前瞻性信息披露密度,发现公司对前瞻性信息讨论越深入,越有利于提高股价信息含量,降低分析师预测误差。但也有学者认为,公司更倾向于解释企业经营情况的历史信息,而忽视对未来经营情况的披露,公司前瞻性信息的决策有用性不高(Pava and Epstein, 1993)。Wang and Hussainey(2013)以英国上市公司作为样本进行研究,发现前瞻性信息对股价的提升作用存在一定的限制条件,对于公司治理良好的上市公司,年报文本中的前瞻性信息能够促进股价及时反映公司的预期收益。Loughran and McDonald(2014)发现,年报复杂度越低,公司越容易获得投资者的青睐;年报可读性越高,越有利于传递价值相关信息,投资者持股比例较高。

由于中国年报对文本信息的研究还处于起步阶段,对这个议题的探讨刚刚展开,年报"管理层讨论与分析"文本信息产生的后果还主要集中于资本成本、股价崩盘风险等。甘丽凝等(2019)研究了管理层语调对资本市场定价效率的影响,研究了2010—2015年创业板上市公司后发现,管理层语调能够降低权益资本成本,公司会计信息质量越高,管理层语调的定价效率越显著。大股东减持、增持或者增发股票,显著弱化了管理层语调与权益资本成本之间的关系。周波等(2019)认为,整体而言,年报积极语调与股价崩盘风险之间没有明显的相关关系。但考虑了语调的真实程度之后,情况发生了变化,当真实程度较低时,年报积极语调反而可能引致股价崩盘的风险,原因在于管理层可能为了印象管理而选择积极的披露语调。不仅如此,林乐和谢德仁(2016)发现,业绩说明会的语调也会被投资者关注,投资者能够通过识别业绩说明会的语调做出判断。在中国语境下,管理层体现出的语调能够被投资者捕获,投资者从而针对不同的语调做出不同的买入或者卖出行为。该研究也从管理层语调的角度分析了业绩说明会存在的价值。在中国,银行也会透过年报语调掌握公司的经营情况,而且对中国上市公司披露的语调存在较大的怀疑——当上市公司"管理层讨论与分析"信息披露中存在较多积极性词语时,所提供的银行贷款越少(卢介然、马超,2019)。

(二)文本内容的经济后果

Nelson and Prichard(2007)发现,"警告语言"披露越多的公司存在越大的法律风险。公司年报中风险信息披露得越多,股票的流动性越强,风险信息向市场传递了公司面临的不确定性,使得股票的波动性增加(Kravet and Muslu, 2013)。Bao and Datta(2014)认为,风险信息的披露并不总是会对投资者的风险认知产生影响,风险信息是否以及如何被投资者感知,取决于披露的风险类型。其中三类系统性风险及流动性风险会提高投资者的风险认知,而其他五类非系统风险会降低投资者的风险认知。王雄元等(2017)及王雄元和高曦(2018)分别关注了年报中风险信息披露对证券分析师预测和权益资本成本的影响,孟庆斌等(2017)研究发现年报"对未来发展进行展望"部分文本具有信息含量。李岩琼和姚颐(2020)从分析师预测角度解读研发信息的价值,发现研发文本信息显著降低了证券分析师的预测偏差及分歧度,而且企业披露动机越强,降低作用越明显,支持了"多说有益"的观点。程新生(2020)以创业板公司为研究对象,发现创新内容的披露有利于增强投资者的价值认同,证券分析师能力在二者关系中起到了调节作用。

第五节 本章小结

通过对现有文献的梳理不难发现,独立董事的任职效果是一个有争议的话题,支持的观点认为,独立董事的专业背景、个人能力有助于独立董事发挥公司治理作用;反对的观点认为,中国一股独大的股权比例及任命制的选聘方式可能会削弱独立董事的治理作用。社会网络研究的发展为看待独立董事角色提供了新的视角，独立董事可以在不同上市公司兼任的特性构成了公司的联结网络，而独立董事充当了公司之间的联结纽带。任职联结是在社会网络理论基础上产生的社会学、管理学交叉学科的研究，产生了丰富的研究成果。任职联结的产生是基于独立董事在不同上市公司兼任，而在上市公司董事会成员中，独立董事作为外部董事，兼任的情况居多。因此，任职联结对公司的影响亦受制于独立董事的影响。

以往的研究尚存在一些有待补充的方面。具体表现在以下四个方面。

第一，对于任职联结的研究，以董事在两家或多家董事会任职为主，也有学者加入监事及高级管理人员，扩大了任职联结研究的外延。具体的影响机制上，卢昌崇和陈仕华（2009）认为连锁董事可以通过企业间的正式协调、非正式协调及信息传递发挥组织功能。陈仕华和马超（2011）及张娆（2014）认为，高管联结会通过集体处罚机制，促使其他企业采取这种行为。刘永涛等（2015）从网络"节点"的作用探讨董事联结的信息传递作用，并强调连锁董事主要针对独立董事在其他公司担任内部董事或者独立董事的情形。虽然董事联结的外延在不断扩大，但是具体的作用机制仍有不同，因此，在讨论联结关系带来的后果时应该对研究主体加以区分。

第二，独立董事任职联结的研究与独立董事网络位置的研究既有相似之处，又有不同之处。相似之处在于，二者都基于社会网络理论展开，探讨独立董事的兼任关系对企业行为的影响。不同之处在于，独立董事网络位置的研究注重考察独立董事的治理角色，不论治理效果好与不好都可以得到一个清晰的结论；而独立董事任职联结的研究注重联结的私有信息传递角色，但是独立董事任职联结可能会导致好的结果，也可能导致坏的结果，并没有一个确切的结论，需要结合具体研究问题进行考察。

第三，基于信息经济学的研究，将信息不对称和代理问题作为研究高管行为的出发点，把管理层看作孤立的个体，为了追求效用最大化做出独立的选择。而制度理论和社会网络理论的发展拓展了这一视角，将管理层的行为置于其所处的制度环境、社会网络进行考察，发现嵌入社会网络的管理层会为了追求制度压力下的合法性问题而去模仿其他企业的行为。

第四，文本信息披露的研究还处在发展阶段，国外的研究成果较为丰富，国内的研究进展与国外之间的差距还比较明显。由于文本信息的研究需要构建相关的词库,而且英语语法格式下的词库对汉语语法格式的文本信息未必适用,因而文本信息披露虽然有较高的研究价值,但是在国内尚处于起步阶段。既然联结关系会导致企业会计政策选择、财务重述、企业并购、慈善捐赠等行为产生模仿效应,那么,是否存在文本特征的模仿效应就是一个值得考察的重要议题。中国对年报文本分析研究发文趋势如图2-1所示。

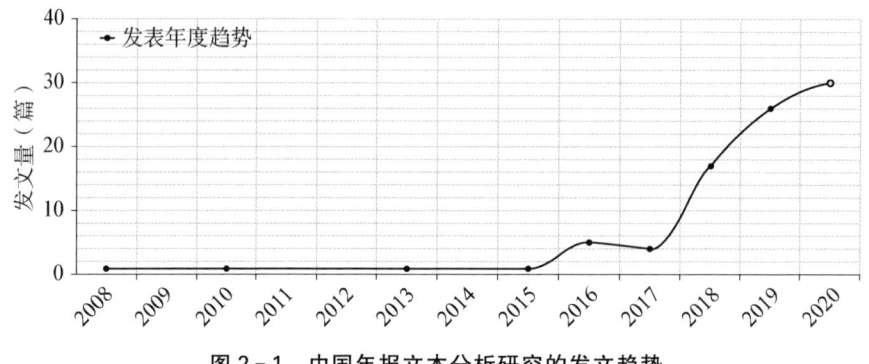

图2-1 中国年报文本分析研究的发文趋势

第三章 制度背景

本章主要阐述本研究相关的制度背景与理论基础。首先对"管理层讨论与分析"的制度背景及披露情况进行解析,然后分析中国独立董事制度的背景及独立董事的履职情况。

第一节 "管理层讨论与分析"披露制度背景分析

一、国外"管理层讨论与分析"披露制度

美国是率先开展"管理层讨论与分析"披露制度的国家。从1933年《证券法》确立证券市场信息披露制度伊始,美国就关注到了文字表述的潜在问题,对招股说明书中应披露的内容进行了详细规定,还要求对证券发行、销售有关的重大事实有不真实陈述,或者因省略重大事实而误导公众的陈述做出惩罚。但那时的文字信息披露相关要求并没有集中关注盈余信息,直到1968年美国证券交易委员会通过发布招股说明书准备指南,正式引入了"管理层讨论与分析"披露制度,要求对影响盈余的异常情况和经营成果发生逆转的情况做出讨论与分析。此后,美国证券交易委员会对"管理层讨论与分析"信息披露的要求已经不限于招股说明书,1974年,其发布了定期报告和招股说明书编写指南,针对盈余信息提出了分析和讨论的要点,包括收入和支出逐年发生的重大变化,与净收益相关的会计原则、会计方法的变化。这一阶段是"管理层讨论与分析"披露制度的起步阶段,这一阶段关注对盈余重大变化的解释,对影响盈余重大变化的因素关注有限。

由于商业模式的改变,公司所面临的竞争环境也发生了变化,投资者所

要获取的信息不再仅仅是财务报表所反映的有形资产的情况,更多的是与公司发展前景有关的软信息。为了适应这一要求,1979年美国证券交易委员会制定并颁布了175号规则,为公司的前瞻性信息披露提供了一个"安全港"(Safe Harbor),对披露前瞻性信息的公司免责。这一规则的出台对"管理层讨论与分析"披露制度的完善具有重要意义,对"管理层讨论与分析"披露的要求不再仅仅是关注历史的、定量的财务信息,还关注未来的、定性的非财务信息。1980年,美国证券交易委员会发布"管理层讨论与分析"披露制度的新要求,将"管理层讨论与分析"作为一个项目单独列示,并确立了"管理层讨论与分析"信息披露的框架,要求管理层提供与信贷资金流动性、资金来源渠道、会计期间内经营活动取得的成果有关的信息,并且让投资者了解其即将或预计可能产生的不利影响。

经过一段时间的考察和征求意见,美国证券交易委员会于1989年发布了"管理层讨论与分析"信息披露解释条文,该条文解释了公司信息披露的重点在于公司未来发展的不确定因素,包括但不限于披露目前已经掌握的发展趋势、影响公司发展的事件、在可预见的范围内会对公司未来产生重大影响的事件,以及公司在合理范围内预测的未来发展趋势等。鉴于披露带有预测性的信息存在一定的风险,实际情况如果与预测情况差距较大,可能产生公司信息披露不真实的风险。为了减少上市公司的这一顾虑,1995年有关法案规定了预测性信息披露的免责制度,体现了美国证监会对预测性信息披露的支持。此后,上市公司需要披露的"管理层讨论与分析"不仅包括对过去经营情况的总结,还包括对未来有影响的前瞻性信息,信息披露制度趋于完善。

在安然公司等重大财务丑闻爆发后,美国政府意识到只有提高信息披露的透明度,才能对上市公司进行行之有效的监管。为了提振投资者对资本市场的信心,美国政府签署了《萨班斯-奥克斯利法案》,该法案认为,"管理者最重要的职责之一是用清晰和直接的方式与投资者沟通,而'管理层讨论与分析'就是这种沟通的关键组成部分"。《萨班斯-奥克斯利法案》颁布之后,美国证券交易委员会加强了对信息披露的监管,也增强了对年报"管理层讨论与分析"中主观内容的关注程度和审查力度。2003年12月,美国证券交易委员会颁布了33号解释条文,指出,"管理层讨论与分析"不应仅仅是对财务报表的机械性重复,或者是对"管理层讨论与分析"披露要求的反映,而应该告诉投资者公司未来的发展计划。具体包括:"管理层讨论与分析"信息披露应该突出重点,减少无效的重复信息及无关信息的披露;披露不要浮于表面,应对财务信息进行分析;披露公司发展趋势和发展过程中的不确定性信息;披露公司关键的绩效指标;披露流动性和资本来源;披露关键的会计估计。美国的"管理层讨论与分析"信息披露制度已经具有了较为成熟的内容和要求,其演进如表3-1所示。

表3-1　　　　美国"管理层讨论与分析"信息披露制度的演进

颁布时间	颁布机构	具体规则	涉及内容	发展阶段
1933年	美国证券交易委员会	《证券法》	对与证券发行、销售有关的重大事实有不真实陈述,或者因省略重大事实而误导公众的陈述做出惩罚	起步阶段
1974年	美国证券交易委员会	招股说明书编写指南	收入和支出逐年发生的重大变化,与净收益相关的会计原则、会计方法的变化	起步阶段
1979年	美国证券交易委员会	175号规则	为公司的前瞻性信息披露提供了一个"安全港",为披露前瞻性信息的公司免责	发展阶段
1980年	美国证券交易委员会	175号规则	将"管理层讨论与分析"作为一个项目单独列示,并确立了"管理层讨论与分析"信息披露的框架,要求管理层提供与信贷资金流动性、资金来源渠道、会计期间内经营活动取得的成果有关的信息,并且让投资者了解其即将或预计可能产生的不利影响	发展阶段
1989年	美国证券交易委员会	"管理层讨论与分析"信息披露详细指南	解释了公司信息披露的重点在于公司未来发展的不确定因素,包括但不限于披露目前已经掌握的发展趋势、影响公司发展的时间、可预见的范围内会对公司未来产生重大影响的事件,以及公司在合理范围内预测的未来发展趋势等	发展阶段
2002年	美国证券交易委员会	《萨班斯-奥克斯利法案》	加强了对信息披露的监管,也增强了对年报"管理层讨论与分析"中主观内容的关注程度和审查力度	完善阶段

续表

颁布时间	颁布机构	具体规则	涉及内容	发展阶段
2003年	美国证券交易委员会	33号解释条文	信息披露应该突出重点,减少无效的重复信息及无关的信息披露;披露不要浮于表面,应对财务信息进行分析;披露公司发展趋势和发展过程中的不确定性信息;披露公司关键的绩效指标;披露信贷资金流动性、资金来源渠道、会计期间内经营活动取得的成果	完善阶段

二、国内"管理层讨论与分析"披露制度

中国年报的"管理层讨论与分析"信息披露制度起步较晚,2001年中国证监会发布了《信息披露准则——年报内容与格式》修订准则,明确要求上市公司年报中应该披露"董事会报告"章节,不仅需要介绍公司在报告期内的经营情况,还应介绍公司在报告期内的投资情况。这一要求意味着在中国正式引入了"管理层讨论与分析"信息披露制度。

2005年,年报披露内容要求发生了变化,在2005年新修订的信息披露准则中,对"董事会报告"部分应予以披露的内容及格式进行了详细的规范。格式上,在前准则要求的基础上,明确要求上市公司应披露"对主要经营情况进行回顾"与"对未来发展进行展望"两部分内容。内容上,"对主要经营情况进行回顾"部分需要分析公司资产构成、现金流量构成、设备使用情况等情况;"对未来发展进行展望"部分则从对公司投资情况的介绍,转为关注公司所处的行业发展趋势、所面临的发展机遇和挑战、公司的发展规划,以及公司未来发展中的潜在不利因素。

2012年修订的《信息披露准则——年报内容与格式》,将"董事会报告"的披露位置从第八节调整为第四节。格式上,采用一级标题的形式披露;内容上,在"对主要经营情况进行回顾",以及"对未来发展进行展望"部分提出了更为详细的要求。"对主要经营情况进行回顾"部分,详细规定了披露的要点,在2005年每一项披露要点的基础上进行了丰富。比如,2005年修订

版中,要求"概述公司报告期内总体经营情况,列示公司主营业务收入、主营业务利润、净利润的同比变动情况,说明引起变动的主要因素";2012年修订版中,在这一句话的基础上,对收入、成本、费用、研发投入、现金流等项目进行了丰富,界定了各项目的构成情况及变化范围。

2012年修订的《信息披露准则——年报内容与格式》,确定了年报信息披露的基本内容和主要格式,随后的《信息披露准则——年报内容与格式》的修订,都是在2012年准则的基础上根据投资者保护的要求进行的调整。比如,2013年修订的《信息披露准则——年报内容与格式》,将"董事会报告"调整为"管理层报告";2016年新修订的《信息披露准则——年报内容与格式》将"管理层报告"变更为"经营情况讨论与分析"。由于国际上较早对年报"管理层讨论与分析"部分提出要求,而且相关研究开展得较早,国内学者在对年报"经营情况讨论与分析"部分进行研究时,仍然沿用"管理层讨论与分析"进行表述。

上海证券交易所和深圳证券交易所是中国上市公司股票发行和交易的主要场所,上市公司除了应该遵守中国证监会的统一规定,还应该遵守交易所发布的规范性文件。从对年报"管理层讨论与分析"这部分内容的要求来看,上海证券交易所与深圳证券交易所的规定存在差异。上海证券交易所2011年针对公司治理论坛讨论的"叙述性信息与公司透明度"主题,发布了《上市公司年度报告工作备忘录〈"管理层讨论与分析"的编制要求〉》,概括为"提供动态信息""突出重要信息""重在分析""突出公司个性""简洁易懂""管理层参与"等六个方面,并发布了独立董事工作指引,强调独立董事在年报"管理层讨论与分析"部分的职能,除了会同审计委员会对财务数据进行审核、与审计师就财务工作进行协商沟通,还要对年报的内容真实性、完整性签署书面确认意见。相比之下,深圳证券交易所对年报"管理层讨论与分析"部分的披露要求较为简洁。从2015年发布的《主板信息披露业务备忘录第1号——定期报告披露相关事宜》来看,年报"管理层讨论与分析"主要讨论年度经营计划和经营目标,经营情况的讨论与分析主要突出利益相关方的情况。

中国"管理层讨论与分析"信息披露制度的演进如表3-2所示。

表 3-2　中国"管理层讨论与分析"信息披露制度的演进

颁布时间	颁布机构	具体规则	涉及内容	发展阶段
2001 年	中国证监会	《公开发行证券的公司信息披露内容与格式准则第 2 号——年度报告的内容与格式》	上市公司年报中应该披露"董事会报告"章节,不仅需要介绍公司在报告期内的经营情况,还应介绍公司在报告期内的投资情况	起步阶段
2005 年	中国证监会	《公开发行证券的公司信息披露内容与格式准则第 2 号——年度报告的内容与格式》	上市公司在董事会报告中披露"对主要经营情况进行回顾"与"对未来发展进行展望"两部分内容	起步阶段
2011 年	上海证券交易所	《上市公司年度报告工作备忘录〈"管理层讨论与分析"的编制要求〉》	"提供动态信息""突出重要信息""重在分析""突出公司个性""简洁易懂""管理层参与"等六个方面	发展阶段
2012 年	中国证监会	《公开发行证券的公司信息披露内容与格式准则第 2 号——年度报告的内容与格式》	将"董事会报告"的披露位置从第八节调整为第四节。对需要披露的"对主要经营情况进行回顾""对未来发展进行展望"部分进行了规范,详细规定了披露的要点	发展阶段
2015 年	深圳证券交易所	《主板信息披露业务备忘录第 1 号——定期报告披露相关事宜》	年报"管理层讨论与分析"主要讨论年度经营计划和经营目标,经营情况的讨论与分析主要突出利益相关方的情况	发展阶段

三、中国"管理层讨论与分析"披露制度面临的问题

通过梳理中美两国的"管理层讨论与分析"披露制度,可以看出,中国的"管理层讨论与分析"披露要求出台较晚,在震惊世界的安然事件曝出之后,才开始关注非财务信息披露的重要性。由于安然事件对世界范围内的披露制度产生过影响,而美国率先出台了法案,加强了对"管理层讨论与分析"信息披露的监管,中国的"管理层讨论与分析"披露制度也在这一背景下逐渐

完善,与美国"管理层讨论与分析"披露制度有较高的一致性。纵观中国"管理层讨论与分析"披露制度的要求,其还存在以下不足。

(一) 经济发展的需要与披露不完全、不充分的问题

在经济发展速度加快的现实背景下,对经营情况回顾已经无法满足投资者获取与公司相关信息的需要,投资者的投资决策更大程度上依赖"对未来发展进行展望"部分具有前瞻性、预测性的信息。毛志宏等(2013)通过分析沪市260家上市公司2006—2008年年报"管理层讨论与分析"披露现状,发现上市公司披露最多的事项为"财务报告统计数据的讨论与分析""其他必要数据的讨论与分析"和"介绍主营业务收入、利润构成情况",占到总样本公司披露信息的90%以上,对"资金使用情况"及"报告期内发生的重大变更"的披露占比也高达80%,但是对于"经营中的问题"信息的披露不足50%,"不确定因素的讨论"更是不足30%。从文本手工搜集的数据来看,到2019年为止,这一现象依然没有得到很好的改善。2014—2019年,仅有接近60%的公司将"对未来发展进行展望"四部分内容全部披露。

(二) 披露自主性与监管困难的问题

信息披露质量一直是资本市场参与者关注的问题。不论是信息披露管理办法,还是提供鉴证服务的中介,都有相关的规定和约束。相比于对财务数据的监管,"管理层讨论与分析"信息披露的质量监管还存在空白。由于"管理层讨论与分析"信息是叙述性信息,管理层可以根据不同的利益需求,采用不同的语调和行文方式表述,比如对公司经营不善的情况尽可能模糊或者回避,或者归咎于外部环境的变化。投资者根据"管理层讨论与分析"所反映的信息做出判断很可能会有所失误,所以"管理层讨论与分析"叙述性信息亟待鉴证。但同时,叙述性信息很难像财务信息那样有统一的标准。一方面是因为"管理层讨论与分析"本身是提供管理层视角下公司经营情况的信息,如果提供一个披露规范,很难保证各公司不进行模板式披露,导致实质上没有释放相关信息;另一方面,"管理层讨论与分析"信息要提供关于"对未来发展进行展望"的信息,这部分信息具有预测性、不确定性,公司不应对这部分信息承担实质责任。

第二节　中国独立董事制度背景分析

一、中国独立董事制度的发展阶段

1997年12月,中国证监会颁布《上市公司章程指引》,规定"公司可以根据需要,设立独立董事",说明中国上市公司正式引入独立董事制度,但并非强制性要求,公司可以根据情况自愿设立独立董事职位。到了2000年11月,上海证券交易所发布的《上市公司治理指引(草案)》提出,将来上市公司"应至少拥有两名独立董事,且独立董事应至少占董事总人数的20%"。独立董事制度作为公司治理机制的强制性要求呼之欲出。

2001年8月,中国证监会发布了《关于在上市公司建立独立董事制度的指导意见》(以下简称《指导意见》),展开了在境内上市公司全面引入独立董事制度的要求。根据《指导意见》的要求,2003年6月之前,董事会成员中独立董事至少要占到1/3,且如果上市公司董事会下设了委员会,独立董事应当在委员会成员中至少占到1/2。《指导意见》确立了中国上市公司的独立董事制度。

2002年1月,中国证监会发布的《上市公司治理准则》强调了独立董事保护中小投资者的义务,并规定至少有一名会计专业背景的独立董事在董事会下设委员会任职。2005年5月,全国人民代表大会正式审议通过了《公司法》,规定上市公司必须设立独立董事,以法律形式正式将上市公司的独立董事制度确立下来。

为了更好地实施独立董事制度,2013年3月,中国上市公司协会在中国证监会的指导下开始编写《上市公司独立董事履职指引》,并于2014年8月获中国证监会批复,顺利发布。中国上市公司协会通过实施行业自律性规范,促进了中国上市公司独立董事制度的完善。虽然《指引》作为行业自律性规范,不具有强制性,但是由于《指引》的编制过程充分参考了中国证监会、交易所发布的规章制度及规范性文件,因而违反《指引》规定的独立董事存在较大的受处罚风险。

中国独立董事制度的发展如表3-3所示。

表 3-3　　　　　　　　　独立董事制度的发展阶段

颁布时间	颁布机构	具体规则	发展阶段
1997 年 12 月	中国证监会	《上市公司章程指引》	起步阶段
2000 年 11 月	上海证券交易所	《上市公司治理指引(草案)》	起步阶段
2001 年 8 月	中国证监会	《关于在上市公司建立独立董事制度的指导意见》	发展阶段
2002 年 1 月	中国证监会	《上市公司治理准则》	发展阶段
2005 年 10 月	全国人民代表大会	《公司法》	正式确立
2014 年 8 月	中国上市公司协会	《上市公司独立董事履职指引》	完善阶段

二、中国独立董事的职权范围

独立董事制度是一项重要的公司治理机制,独立董事的职权范围则是决定独立董事职能发挥的重要因素。针对独立董事职权范围的界定,早在 2001 年中国证监会就发布了《指导意见》,详细规定了独立董事的职权,主要关注了可能存在的第一类代理问题和第二类代理问题。具体来讲,涉及第一类代理问题的职权体现在对重大关联交易的审核、向股东征集投票权;涉及第二类代理问题的职权体现在对高管人员的聘任及解聘、对高管薪酬发表意见。此外,独立董事还有权决定公司选聘哪一家事务所及审计、咨询机构。

2014 年 8 月,中国上市公司协会根据《公司法》《证券法》《指导意见》及其他法律、行政法规、部门规章、规则制定了《上市公司独立董事履职指引》。《上市公司独立董事履职指引》概括了独立董事特有的职权,与 2001 年发布的《指导意见》所规定的职权范围没有太大差别,其区别具体表现在独立董事发表独立审计意见的范围有所扩大,不仅包括两类公司代理冲突相关的事项,还包括公司实际经营中财务决策、会计政策、投资决策、利润分配决策、内部控制实施情况。

具体到信息披露的问题中,独立董事有权开展年报审议工作。独立董事有权督促上市公司建立"独立董事年报工作制度",包括公司管理层针对年报情况的汇报和沟通制度。具体到实际工作中,独立董事需要听取上市公司管理层、财务总监关于公司本年度生产经营、规范运作和财务方面的情况,以及公司与投、融资活动等有关的重大事项的汇报。如对汇报有疑问,独立董事可以亲自参与有关重大项目的实地考察。这些情况是年报"管理层讨论与分析"需要对外披露的核心内容。

2020年7月,中国上市公司协会发布了《上市公司独立董事履职指引》修订版,对独立董事职权行使的相关项目进行了丰富和补充,再次强调了独立董事督促上市公司建立独立董事年报工作制度的必要性,而这也决定了独立董事对年报"管理层讨论与分析"部分的关注与影响。

三、中国独立董事的兼任情况

中国独立董事兼任现象日益突出,根据全怡和陈冬华(2016)的研究,在独立董事制度正式引入中国上市公司当年,就有15.41%的独立董事同时在两家及两家以上上市公司任职。并且,这一占比由2002年的15.41%一路攀升至2013年的19.70%,呈现出逐年增长的趋势。本研究从CNRDS获得了独立董事兼任情况的数据,图3-1显示,从2002年中国上市公司正式引进独立董事制度以来,存在聘请兼任的独立董事的上市公司占比不断增加,从2002年的50%以上上升到2018年的超过90%。这一占比在2017年略有下降,是因为2017年上市公司数量增加幅度增大。整体来看,有兼

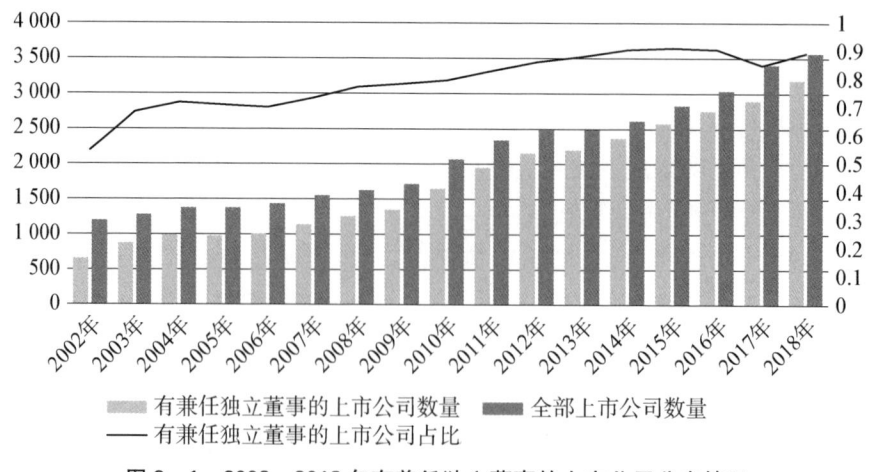

图3-1 2002—2018年有兼任独立董事的上市公司分布情况

任独立董事的上市公司数量呈平稳的上升趋势。

孙亮和刘春(2014)发现,2002—2010年,超过60%的上市公司拥有异地独立董事,而异地独立董事占独立董事总人数的比率在大多数年度都超过40%。根据本研究整理的数据,在聘请了兼任独立董事的上市公司中,有异地兼任独立董事的公司占比超过了60%,而且这一占比在不断上升,2013年开始接近80%(见图3-2),这说明异地来源的兼任独立董事是公司聘请兼任独立董事的重要渠道。

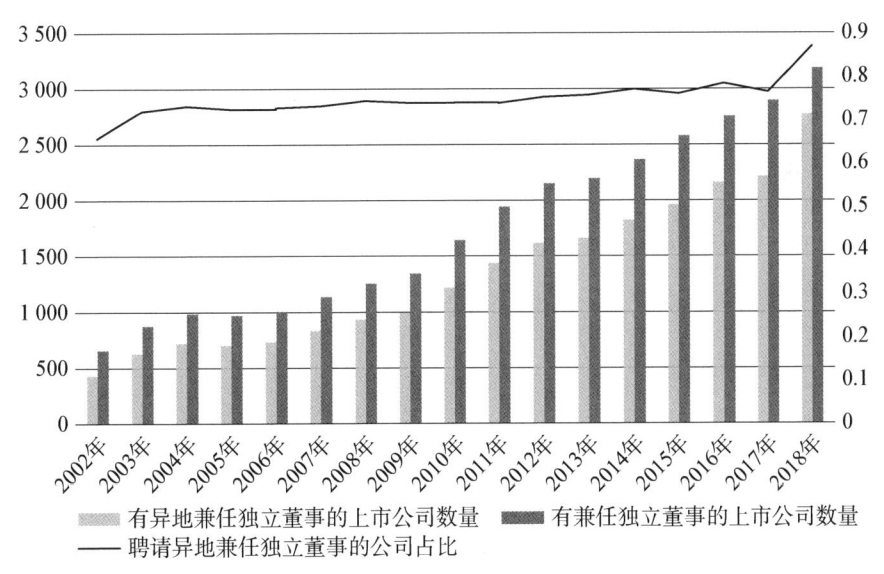

图3-2 2002—2018年有异地兼任独立董事的上市公司分布情况

当前,独立董事兼任现象愈发普遍,背后体现了独立董事资源与精力的双重特性。其一,相较专任于某一家公司的独立董事而言,兼职独立董事具有更高的人力资本价值。独立董事劳动力市场中存在竞争,兼任公司数量多少内嵌于独立董事自身能力之中,是其被动接受市场选择的结果。相较而言,拥有多个公司兼职席位的独立董事具有更高的专业知识水平与更丰富的信息获取来源。其二,相较专任于某一家公司的独立董事,兼职独立董事的时间、精力分配面临着更大的挑战。能否基于有限的时间、精力发挥出自身应有的咨询与监督作用,是拥有较高人力价值的兼职独立董事履职效果好坏的关键所在。

第三节 本章小结

随着经济发展速度的不断加快,投资者已经不满足于获取年报中的数字信息,他们更需要通过对公司发展战略、经营计划的了解,掌握公司未来的发展前景,并且了解关于公司未来发展的可能风险,以便更好地做出决策。世界各国逐渐强调在年报中披露"管理层讨论与分析"这部分内容,并且随着时间的推移,这部分的内容不断丰富。中国对年报中"管理层讨论与分析"的要求起步较晚,但目前已经引起投资者的关注,成为投资者价值判断的重要途径。

本章首先回顾了年报"管理层讨论与分析"信息披露的制度背景,并对当前年报"管理层讨论与分析"的披露情况进行了展示,为后文开展实证研究提供了坚实的现实基础;然后回顾了独立董事兼任的制度背景、职权范围及兼任情况,为独立董事兼任与年报"管理层讨论与分析"文本模仿效应研究提供了现实依据。

第四章 理论基础

第一节 社会网络理论

"社会关系网络"是一个源自社会学的概念,最早开始于 Ellision and Fudenberg(1995)关于社会网络形成的研究,他们认为社会网络的形成开始于人与人之间的口口相传,个人会依赖他人的行为改变自己的决定。随后有不同的学者就社会网络给出了自己的定义:Kilduff and Tsai(2003)将社会网络定义为一组行动者及联结他们的各种关系的集合;Scott(2000)认为社会网络是通过直接联系、团队合作或者会议交流而形成的社会联系。不难看出,社会网络由个体及个体之间的联系构成。社会网络的研究结合了图论和社会学的研究,逐渐产生了系统的社会网络分析方法,即将个体视为社会网络中的结点,将人与人之间的联系看作两点之间的连线,由点与连线组成的集合就是整个社会网络(Wasserman and Faust, 1994)。

现有的针对社会网络的研究主要是基于社会网络的四大理论,即强弱联结理论、嵌入性理论、结构洞理论及社会资本理论。

Granovetter(1973)提出了社会网络中个体联结强度的概念,认为人与人、组织与组织之间因为发生交流和接触而存在一种纽带关系,如果是社会特征相似(如相同职业、相同地域等)的个体之间的联结关系,则可以称为强联结关系;如果是社会特征不同的个体之间发展起来的联结,则被称为弱联结关系。由于强联结关系是在群体内部,个体对该群体的认知和了解较为一致,通过强联结所获得的信息容易出现冗余,而且在社会网络内部获得新信息的可能性降低;而弱联结是在不同群体之间形成的,通过社会网络在异质性群体之间建立联系,这样更容易获得新信息和新资源,社会网络此时发挥着桥梁的作用,因此 Granovetter(1973)指出,弱联结关系才是一种"强"联结,它在群体、组织之间发挥着纽带的作用。社会网络之所以能够对经济行为产生影响,根本上在于社会关系网络能够提供和传播信息,社会网络的主要作用之一就是信息传递(Jackson, 2010)。

Granovetter(1985)认为,企业的经济行为嵌入在其所处的社会关系和社会结构中,会受到所嵌入的社会关系、结构的影响。嵌入性是一个弹性较高的概念,已经超越了社会学的研究范畴,在多学科之间跨越式发展,得到经济学、管理学的广泛应用。依据嵌入的关系不同,嵌入性可以细分为多个维度,包括关系嵌入性、结构嵌入性(Granovetter, 1985),结构嵌入性、认知嵌入性、文化嵌入性、政治嵌入性(Zukin and Demaggio, 1990)、业务嵌入性、技术嵌入性(Anderson et al., 2002)、环境嵌入性、组织嵌入性(Hagedoorn, 2006)。随着嵌入性理论在各领域之间的交叉式发展,嵌入性的内涵和外延得到了拓展,但归根结底,嵌入性理论的分析框架是在遵循"经济行为嵌入社会关系"这一思路。

Burt(1992)提出了社会网络的结构洞理论,认为社会网络有两种表现形式:一种是任意两个个体之间都保持紧密的联系,这种形式被称为无洞网络;另一种是某个个体与某些个体有直接的联系而与其他个体无直接的联系,这样从整个网络来看就形成了一个洞,因此也被称为结构洞网络。无洞网络虽然形成了紧密的联结关系,但是在这种关系中,每个个体都能获得基本信息,对信息的了解和认知都基本相同,存在冗余情况;而在结构洞网络中,处于结构洞位置的个体能够获得网络边缘的信息,利用其所在的网络位置掌握信息优势,有利于在整个网络中做出差异化的决策。

社会网络还有一个重要功能是提供资源,因此形成了社会资本理论。社会网络作为个体的社会资本,使个体能够获得知识、信息(Lin, 2002; Freeman, 1979),以及网络中的资源(Wrnerfelt, 1984)。由于资源是约束企业发展的重要因素,尤其是稀缺资源直接决定了企业的核心竞争力,同时企业还要面临产品更新、技术进步、市场变化带来的不确定性(Mizruchi, 1983),因而企业会通过建立或者加入网络来协调组织间的资源,从而减少外部环境不确定性为企业带来的影响,降低企业的经营风险。社会网络作为非正式制度,承载着信息传递和资源分享的功能,越处于网络中心的企业,越易于获得这些资源和信息。

第二节 关系认同理论

心理学认为,"认同"是受文化、环境的影响产生的支配个体行动的思维方式与价值取向。社会学认为,"认同"是个体对某一目标与群体相一致的感知或某个个体对该群体的归属感,反映了个体将群体中的某一目标加入自我概念中的程度(Sluss and Ashforth,2007)。关系认同(Relational Identification)是众多认同类型当中的一种,与人际关系有紧密联系。在任何一个组织当中,两个个体之间的相互关系会对其中一个个体的态度和行为产生重要影响,这两个个体由于处在同一个组织之中,对彼此存在关系认同的特性。

基于对关系认同的理解不同,关系认同理论的范畴也不相同,大体上有两种观点。第一种是关系认同的状态观,重点强调处于关系中的思维方式和价值取向。这时的关系认同表示个体愿意将角色关系内化为自我表述的程度(Sluss and Ashforth,2007)。第二种是关系认同的过程观,将关系认同视作一种行为过程,这时的关系认同表示个体如何将角色关系内化为对自我的认同(Sluss et al.,2012)。关系认同的过程观有利于解释关系的形成和演变。关系认同的状态观和过程观在学界并没有严格的区分,"认同"本质上是个体对自我概念的形成过程,所以关系认同既可能是某个时点的状态,也可能是某个时段的认同过程。

与关系认同常常一起出现的还有个体认同与组织认同。三者之间既有区别,又有联系。其一,个体认同表示个体在多大程度上愿意将他人的特征内化为自我认同(Zhang et al.,2014)。从这点来看,关系认同与个体认同的对象不同,关系认同的对象是与他人的关系,而个体认同的对象是他人。另外,由于认同对象不同,认同的结果也有差异,关系认同的结果是个体将某种关系内化为自我认同的过程,是关系层面的自我;而个体认同的结果是个体将他人的行为内化为自我认同的过程,是个体层面的自我。当对关系的认同涉及关系伙伴个人时,关系认同部分体现了个体认同。

其二,组织认同是指个体在组织层面愿意将群体特征内化为自我概念并形成自我描述的程度(Cooper,2013)。相较于关系认同和个体认同,组织认同的目标是组织、团体等，其抽象程度最高。同样地，由于认同对象不同，组织认同的结果是个体将所属群体或组织内化为自我认同的过程，是组织或群体层面的自我。

三者之间的联系体现在，三者可以互相作用。个体可以自发地认同多个目标，促进关系认同（Ramarajan，2016）。个体与群体典型成员的关系认同会加深组织认同（Carmeli et al.，2011）。组织认同强调群体成员的共同特征，会促进个体对群体成员的个体认同和关系认同（Steffens et al.，2014）。关系认同是组织情境中独特的认同，它和其他认同形式共同作用，帮助个体形成完整的自我描述。

由于中国是关系型社会，中国本土的社会学者也关注到了关系认同对中国社会的影响，形成了具有中国特色的关系认同理论。坚持社会学本土化的翟学伟认为，Granovetter（1973）提出的强弱联结关系在分析中国人人际关系或人际互动时存在着某些不适应性。他对深圳、南海、东莞、宁波等沿海城市的外来打工者进行访谈，发现决定这些外来打工者彼此间互动的不是弱关系，而是信任，提出了"信任强度"的概念。周建国（2010）分析了翟学伟研究的成功与不足之处，认为信任强度的观点适应了中国社会从传统到现代的转型过程。由于现代信用制度尚未真正建立，即使知道弱关系中存在大量对自己有益的信息，但由于这些信息的真伪不能确定，因而外来求职者在选择寻求帮助对象时不会贸然把注意力集中在弱关系上。而亲缘关系、地缘关系等强关系，能够体现人与人之间的信任，人们会以此来确保对方的可信度，降低交往的风险和成本。从这一点来看，中国社会似乎更看重强联结关系，而非弱联结关系。周建国（2010）提出，翟学伟研究的不足之处在于，该研究仅建立在农民工这一群体外出求职者之上，不具有普遍性。

周建国（2010）还提出了新的观点，认为在日常人际交往中，中国人遵循的是各种各样的关系认同。从这一点来看，关系认同理论并没有排斥（Granovetter，1973）联结强弱理论，当个体对弱联结关系产生认同，那么弱联结关系也能影响个体间的互动。尤其在中国社会已经发生巨大变化的当下，周建国（2010）分析发现，随着城市规模不断扩大、人口急剧增加、人员流动速度加快，罗家德和叶勇助（2007）提出的"九同"关系所代表的固定的关系认同受到制约，新的关系认同，即"朋友的朋友"作为中间人产生，以化解人际交往中的困境。因此，除"同学、同事、同乡、同姓、同好、同行、同年、同袍及同宗"九同之外,还有一个最重要的"十同",就是朋友的朋友。相比于"九同"所代表的强联结特征,朋友的朋友则具有弱联结的特点。

对于关系认同这一过程,汪和建(2007)认为,关系认同的实现是通过关系操作来完成的。首先是"划界",也就是说,通过对一种特殊关系设定一个标准,具有相同关系属性的成员可以确认他们在这种关系中有共同的利益,并相互认同;其次是"伸缩",即某种特定关系的边界是可以根据群体的目标进行调整的;最后是"区分",通过判断他人是否具有关系属性将其纳入"自己人"或"外部人"的范畴,对"自己人"进行优待,对"外部人"予以排斥。基于中国本土特征发展起来的关系认同理论是基于中国社会的一种尝试,是对关系认同理论的重要补充。

第三节 社会互动理论

社会互动理论是经济学家对社会学家提出的社会网络思想的融合,尤其是社会学家(Granovetter, 1985)提出的网络嵌入性理论,强调个体既不是完全游离于网络结构之外,也不是完全由网络结构所塑造。诺贝尔经济学奖得主 Becker 和克拉克奖得主 Murphy 合著的《社会经济学:社会环境中的市场行为》(Becker and Murphy, 2000)吸收了这一观点,率先开展社会互动理论的研究,是社会经济学社会互动理论研究的代表性著作。以往经济学的研究以高管理性经济人假设为前提,考察高管决策的机会主义动机,以及相应的公司治理机制。Becker 和 Murphy 率先将社会学的社会网络理论引入经济学的研究,放松了高管是理性经济人这一假设,关注处于特定社会网络中的个体间模仿、互动的现象,包括但不限于婚姻市场、社区活动、社会规范、股票投资等议题。

美国西北大学教授 Charles Manski 在他发表的《社会互动的经济分析》(Manski, 2000)一文中对以往有关社会互动的研究做了比较系统的梳理,将社会互动的内容分为约束互动、期望互动、偏好互动三种模式。约束互动是指群体所在的外部约束条件会影响单个个体的行为选择,个体的行为会改变其他个体的行为选择,从而形成一种特定行为的规模效应或者挤出效应。期望互动是指个体行为受到不完全信息的限制,会参照群体中其他个体的行为调整自己的预期,进行行为选择。偏好互动是指个体在参照品比较时产生的心理变化会影响其对特定行为的效用预期,进而影响其最终决策,比较典型的是从众效应或者羊群效应。约束互动属于个体行为的规模效应,而不是个体间的直接影响,关于社会互动的研究更多关注后两种互动。

按照社会互动理论的解释,个体的行为总是会受到其所属群体的影响,同时会影响群体中的其他个体。Blume et al. (2015)将社会互动的博弈模型概括为社会规范和策略互补两种形式。社会规范是指同伴的行为选择有可能被视为某种社会规范,个体遵循这一规范而形成了社会互动效应。策略互补是指同伴的行为选择影响个体行为选择的边际收益,即群体中其他个体的行为会对个体偏好、效用等产生影响,其他个体的行为能够获得群体认可,该行为就会给个体产生正效应,反之则会产生负效应。正是由于行为的预期不确定,个体才会对群体中的参照对象进行有意识的模仿、比较,并据此调整自己的行为,形成社会互动。在博弈论之外,社会互动成为解释个体经济行为的另一个重要角度,对于人与人之间的合作与沟通,以及企业之间、社会组织之间的行为有很好的解释效力,有丰富的应用场景和较高的学术研究价值。

第四节 组织间行为模仿理论

组织间行为模仿是一种十分普遍的组织行为方式,成为多个学科的重要研究议题。社会学从"网络嵌入"的视角,强调个体既不是完全理性的独立个体,也不是完全由社会结构所塑造的个体,而是受到其所嵌入的社会结构、社会关系制约的个体(Granovetter, 1985)。经济学吸收了社会学的这一观点发展出社会互动理论,该理论认为每个个体都置身于特定社会群体中,特定行为会通过群体内成员的相互模仿在群体间扩散;个体需要获取知识和信息,则可以依赖周围的环境,向周围环境学习,并通过已经获取的信息改变行为决策;个体的偏好也会受到群体的影响,在模仿中与群体内的行为偏好趋同(Becker and Murphy, 2000; Manski, 2000)。

决策环境的不确定性是导致模仿发生的主要动因(Lieberman and Asaba, 2006)。在面对外部环境的不确定性时,高管并非拥有完全信息的经济人，无法估计各种状态发生的概率，也缺乏行动与结果之间确切因果联系的信息，或者无法估计出所有可能的状态和结果(Milliken, 1987)。当行为人在不确定的情境下进行决策时，其会有选择地模仿外部参照物的做法，降低方案产生、选择和评价过程中的不确定性(Cyert and March, 1963)。制度理论在强调决策环境不确定时，强调组织满足制度要求的能力，即组织合法性，认为当企业面临行为后果的不确定性时，会通过模仿其他组织的行为来增加自身行为的合法性，一方面是出于"法不责众"的心理，即使该行为不规范甚至不合法，但当参与人数众多，其受到的惩戒往往没有一个人违反时受到的惩戒效力大；另一方面是政策的制定往往涉及多方面的因素，在要求上没有那么细致，不同组织对政策的解读有所不同，模仿其他企业的行为能减少自身承担的风险。

在具备模仿动机之后，是否会产生模仿效应还需要具备一定的条件。具有模仿的信息渠道是组织间行为模仿的关键因素(陈仕华和卢昌崇，2013)。组织能够通过信息渠道获取参照对象的信息，观察参照对象的行为，从而影响组织的模仿决策。信息渠道就是参照对象和模仿者之间的纽带关系和沟通机制，有利于组织间模仿行为的发生(苏依依和周秋玲，2011)。

第五节　制度理论

Richard Scott(2020)认为，制度包括规制性、规范性和文化认知性三大要素，这些要素为人们的社会生活提供各种资源，也为人们提供稳定性和意义，从而使人们得以展开各种活动。Scott et al. (2000)认为，组织如果要在社会环境中生存、发展，除了需要物质资源和技术信息，还需要得到社会的认可、接受和信任。也就是说，组织需要合法性作为生存和发展的基础。在制度理论看来，组织存在于制度环境之中，是制度化的组织。组织在制度化的过程中，为了获得政治和社会的合法性而努力与规范、传统及社会影响保持一致，从而导致组织结构和行为的同质化，制度理论称之为"制度性同形"。

社会学的制度学派关于"制度性同形"的研究，重点考察制度规则如何作用于组织结构,制度规则不仅包括法律法规等正式制度,还包括公众意见、知识、社会声望等非正式制度。组织的发展定位、政策执行程序、解决方案都是在一定制度规则下展开的,受到制度规则的影响和塑造。制度正当性是组织活动展开的重要依据,正当性是指符合正式制度及非正式制度的一种应然存在,由此形成的制度同构现象提升了组织的成功率和生存率(Meyer and Rowan, 1977)。

在另一个同样重要的组织制度理论标志性文献中,Dimaggio and Powell (1983)将"制度性同形"分为三类:强制性同形、规范性同形和模仿性同形。强制性同形指的是组织通过遵守权威性法律法规获得合法性,组织的形成离不开制度框架,公司作为一种组织形式,其行为必然会受到制度的约束。规范性同形指的是组织通过遵循其所需要的有价值的观念,以及用来比较和评价现存结构的各种标准来获得合法性。虽然由于信息的不完全和法律法规的不完备,正式制度无法详细列出企业行为的方方面面,但是社会规范、习俗等非正式制度也会形成对企业行为合法性的共识,约束企业的行为。模仿性同形指的是组织通过其认知的文化、信念获取合法性。

企业不仅要获取生存发展所需的信息,还要保证其行为决策合乎社会规范。在决策环境不确定的条件下,行为合法性是企业能够获得外部资源的重要保证。强制性同形、规范性同形和模仿性同形让组织之间变得更相似。联结企业(被模仿企业)的行为会使目标企业形成某一决策是否符合"社会规范"的看法,模仿联结企业的行为可以获得合法性的认可和声誉的提升。

第六节　独立董事联结与企业间行为的机理分析

组织作为一个开放系统,需要不断地从其外部获取资源,并通过将资源转化成产品或服务输出来维持组织自身的生存和发展。企业行为合法性是能够获得外部资源的重要保证。决策环境具有不确定性,而企业又要在一定的制度、社会共识、文化等正式和非正式的规范下运转,企业的行为面临着一定的外部压力。在这种情况下,企业需要从外部网络中获取相关企业的决策信息,进而产生行为的趋同。相关研究已经表明,独立董事具有信息传递效应(刘永涛等,2015),可以将参照对象的相关信息传递给潜在的模仿者,促进公司之间的行为趋同。

独立董事联结对企业间模仿效应的影响主要体现在以下两个方面。

其一,从一般意义上讲,独立董事有提供企业间异质性信息的能力。

在不确定的条件下,组织间模仿行为的发生需要有信息渠道。具有模仿的信息渠道是决定组织间模仿行为成功与否的关键因素。社会学的社会网络理论和心理学的认同理论为独立董事联结带来企业之间的私有信息传递提供了理论支持。独立董事联结是企业嵌入社会网络的重要途径,独立董事通过参与董事会会议听取公司汇报,或者通过参与审计委员会对年报信息披露进行审核,掌握任职公司的私有信息,并通过任职关系在兼任公司中传递信息。在A公司任职的独立董事由于共事关系,与董事会其他成员之间具有"朋友"的认同关系;该独立董事同时在B公司兼任独立董事(或执行董事),与B公司董事会其他成员之间形成了"朋友"的认同关系,而A公司董事会成员与B公司董事会成员之间由于独立董事联结关系的存在,建立了"朋友的朋友"的认同。公司之间的关系认同借由董事会成员对独立董事联结关系的认同得以体现,有利于达成共识,并促进信息等资源在公司之间共享。

其二,从具体机制来看,独立董事通过社会学习,提供具有一定的专业性且符合社会规范的私有信息。

独立董事也是董事会成员,负有董事的一般义务,从职能上讲,内部董事负责具体决策的制定,独立董事负责为决策制定提供咨询建议。建议的合理性取决于独立董事的认知,而认知的形成来源于其知识背景和社会学习经验。社会互动理论认为,当社会中的个体既非完全理性,也缺乏完全信息,他就会通过向周围环境学习来获取信息和知识,并改变行为决策。Manksi(2000)将社会互动分为约束互动、期望互动、偏好互动三种模式,其中期望互动是指个体行为受到不完全信息的限制,会参照群体中其他个体的行为调整自己的预期,进行行为选择。由于外部环境的不确定性,独立董事无法推测决策产生的后果,但是由于兼任关系,独立董事能够获得其他公司的决策相关信息,并通过对决策后果的学习来形成新的认知,进而在决策时提供建议。陈运森和郑登津(2017)发现,在连锁网络中的董事存在社会学习效应,即网络中的董事通过观察和学习其他企业的决策活动,形成决策相关的深入的认知,并在参与决策制定的过程中总结经验,将信息转换为各类具体的政策。相比于内部董事受委派或者因持股关系参与其他公司董事会的情况,独立董事可以在不超过5家上市公司任职,独立董事联结所参与的公司数量更多,信息来源更加广泛,有利于获取更加丰富的决策相关信息,并在其他公司面临相似的决策需要时提供建议。

Dimaggio and Powell(1983)将制度同形分为三类:强制性同形、规范性同形和模仿性同形。其中,规范性同形强调专业人员对信息和观念的传播,促进了组织间的行为趋同。独立董事通过兼任获取的信息不仅包括公司内部的决策信息本身,还包括决策产生的后果。独立董事具有专业背景,在不同公司兼任的过程中,参与了公司决策制定的各个环节,能够对公司决策的各种信息进行整合,形成专业的经验和认知,从而在提供建议的过程中促进各公司间决策的相似性。

年报信息披露既要考虑到信息披露的成本,还要考虑信息披露的外部性,因此,公司如何披露信息及信息披露的程度是一项重要的公司决策,很难从公开信息披露渠道获取。文本信息虽然较财务信息丰富,但其内在的形成机制也不能轻易获取,有利于独立董事联结这一信息渠道发挥作用。同时,独立董事还具有监督职能,通过兼任积累的经验能够帮助独立董事形成对文本信息的规范性认知,同一独立董事任职的公司之间存在年报"管理层讨论与分析"文本的模仿效应。

年度报告作为正式文件,要满足规范性要求,其中最直接的体现是文本完整性。中国《证券法》以法律的形式确立了信息披露"真实、准确、完整"的要求,每隔几年会更新《信息披露准则——年报内容与格式》。深圳证券交易所从2012年开始,针对上市公司每年度的信息披露行为,依据《深圳证券交易所上市公司信息披露工作考核办法(2001年)》,从信息披露的及时性、准确性、完整性、合法性等四个方面对上市公司的信息披露进行评价,并发布评级报告为资本市场参与者参考。具体而言,上市公司提供的文件是否齐备、公告格式是否符合要求、公告内容是否完整是对上市公司信息披露评价的主要内容,但并没有明确的处罚机制,是检验独立董事任职联结企业间模仿效应的理想场景。

文本内容与文本完整性有一定的关联,2012年的中国证监会年报内容与格式披露准则要求"管理层讨论与分析"包括"对主要经营情况进行回顾"

和"对未来发展进行展望"。"对主要经营情况进行回顾"重点包括回顾收入、成本、费用、研发投入、现金流等项目的变化及原因。"对未来发展进行展望"的内容包括行业格局、公司发展战略、经营计划,以及可能面对的风险。披露上述内容,并非对公司情况简单罗列,而是需要管理层有战略眼光和对公司所处外部环境、行业发展及公司目前经营阶段的认识。因此,公司如何阐述这部分内容,围绕这些内容的阐述是否丰富,是检验独立董事任职联结企业间模仿效应的又一场景。

文本的语言特征则反映了公司在描述经营情况、发展方向及潜在风险时的表达意愿和倾向是积极还是消极。文本语言更像是一门表达艺术,不仅没有直接的规范性约束,甚至没有明确的主旨要求,也是检验独立董事任职联结企业间模仿效应的场景。

因此,本研究主要关注独立董事联结可能产生的文本规范性、内容及语言特征的模仿效应,由此形成三章实证内容。

第七节 本章小结

本章梳理了与本研究相关的重要理论,包括社会网络理论、关系认同理论、社会互动理论、组织间行为模仿理论及制度理论。这五大理论是社会学、经济学、组织学及制度学等学科对个体决策理性及决策行为的探讨,认为个体不仅是独立的个体,还会受到所处网络结构的影响,扩展了信息经济学下个体是"原子式"个体的认知。本章还对独立董事任职联结产生企业间模仿效应的机理进行了分析,并分析了文本"管理层讨论与分析"三章实证内容之间的内在逻辑关系,为后文的实证研究提供了理论基础。

第五章　独立董事联结与年报"管理层讨论与分析"披露完整性的模仿效应

在市场经济中,投资与信贷活动充满了风险与不确定性,通过财务会计这一信息系统,应能反映特定主体未来现金流量的金额、时间安排与不确定性,以便将特定主体的财务状况、经营情况、投资与理财业绩和现金流量等对决策有用的信息提供给财务报告的使用者,特别是投资人、债权人等资金提供者(葛家澍,2010)。财务数据主要是对过去的、历史的、可量化信息的回顾,而非财务信息则更多的是基于对企业未来的展望与预期的定性信息。分析非财务信息有利于评价公司经营状况、公共政策、风险预测、动态能力及公司治理的有效性。因此,年报"管理层讨论与分析"这部分内容对投资决策具有重要参考价值。

随着经济的发展,公司的交易事项日益增多,市场参与者对年报内容完整性的要求也越来越高。《证券法》以法律的形式确立了年报"管理层讨论与分析"文本内容的要求,规定:"信息披露义务人披露的信息,应当真实、准确、完整,简明清晰,通俗易懂,不得有虚假记载、误导性陈述或者重大遗漏。"基于《证券法》提到的"真实、准确、完整"的要求,深圳证券交易所从2012年开始,针对上市公司每年度的信息披露行为,依据《深圳证券交易所上市公司信息披露工作考核办法(2001年)》,从信息披露的及时性、准确性、完整性、合法性等四个方面对上市公司的信息披露进行评价,并发布评级报告供资本市场参与者参考。具体而言,上市公司提供的文件是否齐备、公告格式是否符合要求、公告内容是否完整,是对上市公司信息披露评价的主要内容。在2012年中国证监会发布的《信息披露准则——年报内容与格式》中,将"董事会报告"的披露位置从第八节调整为第四节。从内容上,在"对主要经营情况进行回顾",以及"对未来发展进行展望"部分提出了更为详细的要求。"对主要经营情况进行回顾分析"部分详细规定了披露的要点,重点包括回顾收入、成本、费用、研发支出、现金流等项目的变化及原因;"对未来发展进行展望"部分的内容包括行业竞争格局和发展趋势、公司发展战略、经营计划,以及可能面对的风险等,以便投资者考察上市公司各部分信息的完整性,利用公司过去的经营情况、公司发展战略及可能面临的不确定性等信息,做出正确的投资决策。

相比于实务中不断完善的完整性要求,针对公司能否完整地、规范地披露年报"管理层讨论与分析"文本内容的研究还处于空白阶段。从近期如火如荼的年报"管理层讨论与分析"文本研究来看,并非投资者、科研人员默认公司都能够认真履行年报信息披露完整的义务,而是因为年报"管理层讨论与分析"文本信息的提取及分析需要依赖计算机文本挖掘技术及自然语言处理技术,加上虽然有针对信息披露的规范,但没有相应的处罚,国内对公司是否完整地披露"管理层讨论与分析"文本信息研究不足。由于深圳证券交易所从 2012 年开始,针对上市公司每年度的信息披露行为,依据《深圳证券交易所上市公司信息披露工作考核办法(2001 年)》,从信息披露的及时性、准确性、完整性、合法性等四个方面对上市公司的信息披露进行评价,并发布评级报告供资本市场参与者参考。而且,以后《信息披露准则——年报内容与格式》的修订均是在 2012 年《信息披露准则——年报内容与格式》的基础上根据投资者保护的需要进行的补充,没有太大变化。本研究立足于 2012 年《信息披露准则——年报内容与格式》,采用 2013—2019 年沪深 A 股非金融、非 ST 公司作为样本,以网络嵌入性为视角,考察年报"管理层讨论与分析"文本内容完整性的模仿效应。由于将模仿期限设定为 1 年,实际的样本期间为 2014—2019 年。本研究有助于深入理解年报"管理层讨论与分析"文本信息披露的机理,为中国年报"管理层讨论与分析"文本信息的研究及实践提供经验证据。由于国际上较早对年报"管理层讨论与分析"部分提出要求,而且相关研究开展得较早,国内学者在对年报"经营情况讨论与分析"部分进行研究时,仍然沿用"管理层讨论与分析"进行表述。

第一节　理论分析与研究假设

一、独立董事联结与年报"管理层讨论与分析"内容完整性的模仿效应

年报"管理层讨论与分析"这部分内容不是简单地从财务报表复制数据或者局限于简单描述和列举，而是结合财务数据，着重讨论与分析报表主要项目的重大变化，包括这些重大变化为何发生、如何发生，以及已经产生或者未来将会产生的重大影响，并保证讨论的内容与财务报表或者其他信息一致(李燕媛，2012b)。

根据中国证监会的要求，公司需要披露完整的年报"管理层讨论与分析"文本信息，包括提示投资者公司相关的重大信息及潜在风险。然而，这些信息的披露会增加公司的专有成本，公司披露的这部分信息可能会影响竞争对手的策略，对公司产生消极影响。此外，信息披露是一个系统的工程，与公司发展战略、经营活动密不可分，文本内容披露得越多，对公司战略制定、公司治理的要求越高。当信息披露的专有性成本较高时，上市公司会选择减少这部分信息披露，从而降低了年报"管理层讨论与分析"文本的完整性。从手工搜集的数据来看，上市公司"管理层讨论与分析"文本内容披露的结果差别明显，其存在的问题按照严重程度由低到高依次为：没有按照标题列示披露要点，缺少部分主题信息；缺少"对未来发展进行展望"这部分内容；自说自话，完全没有披露"管理层讨论与分析"这部分信息。

从目前的制度和《信息披露准则——年报内容与格式》要求来看，年报对财务数据产生、会计方法选择的约束较多，在资本市场的发展及投资者保护的需求下，"管理层讨论与分析"逐渐得到重视。中国证监会发布的一系列《信息披露准则——年报内容与格式》中，对年报的"管理层讨论与分析"部分的规范逐渐具体化。客观来讲，《信息披露准则——年报内容与格式》是中国证监会下发的规范性文件，没有明确的法律约束效力，而且文字信息部分由于其逻辑性及表述方式的区别，很难有明确的监管要求，因而文字信息披露的违规成本更低。但是，中国的监管环境在不断发生变化，交易所信

息披露直通车改革使得监管方式已经从事后监管转变为事前监管,而且随着文本挖掘技术及自然语言处理技术的发展,资本市场参与者也逐渐把目光转移到文字信息所释放的信号中。文本披露的格式和内容是年报是否合规最直观的证据,不遵守《信息披露准则——年报内容与格式》的要求,很容易被一眼捕捉到,从而受到怀疑,使公司产生合法性压力。因此,从高管的决策角度,公司是否披露完整的年报"管理层讨论与分析"文本信息存在不确定性。组织间行为模仿理论认为,决策环境的不确定性会带来组织间的模仿行为。Carpenter and Feroz(2001)、周晓苏等(2017)均验证了组织间的会计政策选择存在模仿行为;Aerts et al.(2006)、沈洪涛、苏亮德(2012)实证检验了企业在环境信息披露方面与同行业存在模仿行为。因此,是否披露完整的年报"管理层讨论与分析"文本内容存在向其他公司模仿的动机。

  独立董事兼任建立起的任职网络是企业重要的社会网络之一,独立董事作为关系纽带能够提供公司之间的私有信息。此外,独立董事从联结公司获得经验,并会在以后任职中对目标公司传递类似信息。独立董事作为公司聘请的咨询专家,对上市公司信息披露的过程全程参与,上海证券交易所在2012年发布了《上海证券交易所上市公司定期报告工作备忘录第5号——独立董事工作指引》,要求"在年度报告工作期间,独立董事应当与上市公司管理层全面沟通和了解上市公司的生产经营和规范运作情况"——在年度报告审计工作期间,独立董事应当在会计师事务所进场前,"会同审计委员会,沟通了解年度审计工作安排及其他相关资料";在会计师事务所出具初步审计意见后,"与会计师事务所见面,沟通审计过程中发现的问题"。在年报对外披露前,独立董事应当对年报签署书面确认意见,保证年报内容的真实、准确、完整。目标公司会向独立董事咨询。独立董事在兼任中掌握了信息披露完整性的流程,以及信息披露所需的外部信息,从而将其传递给目标公司。独立董事联结不仅提供了传递私有信息的渠道,而且作为治理机制,能够在对信息披露的审核中提供专业的建议,规范公司的信息披露行为。联结公司年报文本披露完整,满足了中国证监会《信息披露准则——年报内容与格式》的要求,增加了上市公司的合法性压力。独立董事会基于从联结公司任职所掌握的信息,对上市公司应当披露的信息进行关注,发现上市公司缺少重要内容时,在董事会或者在签字前,对该内容进行提示。独立董事会根据兼任公司的年报文本信息披露对目标公司提供建议,形成年报"管理层讨论与分析"文本完整性的模仿效应。

据此提出假设 5-1:在其他条件不变的情况下,独立董事联结会引发年报"管理层讨论与分析"文本完整性的模仿效应,即如果一个公司的独立董事在年报"管理层讨论与分析"文本规范的公司任职,那么该公司的年报"管理层讨论与分析"文本完整的可能性更大。

二、信息透明度的影响

由于交易双方的信息不对称,公司高管比外部投资者掌握着更多与公司价值有关的信息,当公司的经营业绩较差、项目没有达到预期效果时,其会出于机会主义动机降低公司信息透明度(Jin and Myers, 2006; Kothari et al., 2009)。作为足智多谋的"经济人"(Jensen and Meckling, 1994),上市公司高管在年报文本信息披露过程中也存在机会主义行为,比如降低针对业绩的附加性说明的可读性(Merkley, 2014),使用更多未来导向的词汇(Li, 2008)。与高管进行应计盈余管理的动机相似,高管在年报文本披露中也可以有选择地隐藏"坏消息",或者鉴于对外部环境的判断,减少对外部不利条件等信息的披露,而这最终都会降低年报文本完整性。

信息透明度一定程度上缓解了契约双方信息不对称的程度,有利于信息接收方判定信息供给方提供信息的真实性。在信息透明度高的上市公司,外部投资者、内部治理机制能够很好地发挥监督作用(游家兴、李斌,2007)。信息透明度越高,投资者的监督作用越明显(Healy et al., 2001)。在信息透明度高的情况下,高管愿意提供与决策有关的更多详细信息,利益相关者能够更好地甄别高管所做的努力(Armstrong et al., 2010),帮助高管避免不必要的处罚(Bushman and Smith, 2001)。在信息透明度高的公司,高管为了接受监督,会主动提供完整的年报文本信息,其虽然能够通过独立董事获取一定的异质性信息,但高管自发的动机也比较明显;相反,在信息透明度低的公司,独立董事更可能通过兼任获取专业性意见,并发挥监督职能,对模仿效应的促进作用更明显。

据此提出假设 5-2:较之于信息透明度高的公司,年报"管理层讨论与分析"文本完整性的模仿效应在信息透明度低的公司更加明显。

三、地区社会信任的影响

Williamson(1973)认为,信任为交易双方提供稳定的心理预期,可以减少交易的不确定性,降低交易成本。证券市场的交易有赖于公司的信息,这些信息的可靠性会促使市场参与者对经济主体的经营实力和经营业绩产生信任(葛家澍,2012)。信任是相互的,投资者对上市公司的信任是企业重要的社会资本,有利于企业获得更多的融资;上市公司为了获取生存、发展所需的资源,也需要维护投资者的信任。披露真实、完整的信息是上市公司需要履行的重要义务,也是投资者对公司产生信任的重要依据。地区信任水平越高,投资者对上市公司的心理预期越稳定,投资意愿越强烈。管理层会更恪守诚实守信的价值观,遵守法律制度、社会规范及其他规章制度,减少损害投资者利益的行为。

但由于年报"管理层讨论与分析"文本披露完整需要对外部环境、公司潜在风险有战略性眼光及综合性认知,如何按照披露规范性要求披露这部分信息且不会产生负外部性,管理层需要具备一定的艺术。如果联结企业披露了完整的年报"管理层讨论与分析"文本,目标公司能够在独立董事的提示下率先获得行业发展前景等公司外部环境信息,并通过与公司发展战略、发展计划进行整合,提供本公司的发展信息。而且,文本完整性本身是披露规范性的体现,如果目标公司年报"管理层讨论与分析"文本披露缺少规范性或者不完整,很容易降低投资者、供应商、客户等对公司的信任。一旦失去投资者的信任,公司在融资、合作等方面都会产生壁垒,面临高昂的惩罚成本。在已有联结公司率先披露完整的情况下,目标公司也会跟进这一做法,积极维护投资者的信任。因此,如果联结企业披露了完整的年报"管理层讨论与分析"内容,那么很有可能会促进目标公司的模仿行为。

相反,地区社会信任水平低的情况下,企业所具有的诚信意识较弱,采取各种机会主义行为带来的违约成本较低,加上年报"管理层讨论与分析"文本信息披露不规范本身不会受到监管处罚,公司披露不规范产生的影响较小。当联结公司率先披露了完整的年报"管理层讨论与分析"文本信息时,在整体信任水平较低的情况下,其未必会取得更大的优势,因而目标公司模仿的动机较弱。

据此提出假设 5-3：较之于地区社会信任水平低的公司，地区信任水平高的公司，年报"管理层讨论与分析"文本完整性的模仿效应更加明显。

第二节　研究设计

一、样本选择与数据来源

（一）样本选择

中国证监会颁布的《信息披露准则——年报内容与格式》最早开始于 2001 年，2012 年在内容与格式上才有了较为统一的规定。以后各年的修订都是依据 2012 年《信息披露准则——年报内容与格式》进行的完善。当新的信息披露准则出台，各公司对于信息披露的规范有一个理解和适应的过程，从年报"管理层讨论与分析"文本完整性的数据来看，2013 年按照信息披露准则的要求，披露四项内容的公司为 1391 家，2014 年为 1447 家，2019 年增加到 2228 家。上市公司完善信息披露确实有一个学习的过程。因此，本研究将时间间隔设定为 1 年，看存在独立董事联结的公司下一年年报文本披露的情况。本研究实际的样本期间为 2014—2019 年。

由于 ST 和 *ST 公司处于亏损状态，公司的信息披露决策可能会不同于正常的上市公司，因此本研究的样本剔除了 ST 和 *ST 公司。由于金融行业的会计处理具有特殊性，本研究剔除了银行、保险等金融行业上市公司。对于缺失的数据，通过查找年报的方式进行补足；对于无法补足的样本，进行剔除。

（二）数据来源与处理

本研究分两步构建数据。

第一步，构建独立董事联结数据。借鉴张雪梅、陈娇娇（2020）、梁上坤等（2019）的做法，首先从中国经济金融研究数据库（CSMAR 数据库）"董监高个人特征文件"中获得 A 股非 ST、非金融上市公司的公司名单和董事会成员名单，由于 CSMAR 数据库"董监高个人特征文件"中对上市公司每一位高管设置了唯一的 ID，本研究剔除其他高管，仅保留上市公司独立董事个人信息及ID。然后,根据网站提供的独立董事人员唯一ID,根据年份和唯一ID排序,利用stata命令确定同一年份、同一独立董事任职的公司数,将仅在一家公司任职的独立董事剔除,保留在多家公司(2家及以上)任职的独立董事。最后,利用stata将同行业、同一年、同一独立董事任职的公司进行匹配,生成独立董事联结数据。对于独立董事兼任超过两家的情形,如某独立董事在A、B、C三家公司兼任独立董事,根据同一个独立董事ID两两配对,配出的结果是A—B、A—C、B—C、B—A、C—A、C—B,对于同一对样本对重复出现的情况,将重复的样本对进行删除,最后保留下A—B、A—C、B—C三对样本对。

第二步,构建年报"管理层讨论与分析"文本完整性数据。年报"管理层讨论与分析"文本内容的基础数据来源于中国研究数据服务平台(CNRDS),经初步整理发现,该数据存在内容不完整、个别上市公司年报文本信息缺失的情况。本研究针对这一情况,从巨潮资讯网获得上市公司年报,并进行了手工补足。在年报"管理层讨论与分析"文本内容中,对过去经营情况的讨论呈现是公司的历史信息,而投资者更加关注公司的未来。对经营情况的讨论基于公司的业务,有所差异,在技术上也很难进行完整性分析;由于"对未来发展进行展望"明确要求包含四个层面的信息,因此本研究主要考察"对未来发展进行展望"这部分信息披露是否完整。具体来说,按照中国证监会《信息披露准则——年报内容与格式》的规定,利用Python程序从年报"管理层讨论与分析"文本信息中抓取"对未来发展进行展望"这部分内容,并提取这部分内容中的标题,通过在标题中查找"行业""战略""计划""风险"等关键字,判断该内容是否包含这四个主题。经过整理后发现,大部分上市公司对这部分信息的披露不规范,部分上市公司年报文本信息中没有提及"对未来发展进行展望";能够披露"对未来发展进行展望"的公司,大部分披露的信息仅包含其中一两个方面;而能够做到披露完整的公司至少从形式上满足了《信息披露准则——年报内容与格式》的要求,披露的内容具有完整性。

根据独立董事联结数据与上市公司年报"管理层讨论与分析"文本完整性数据匹配得到的代码选择财务数据。本研究的财务数据全部来自CSMAR数据库。研究过程中使用了Python3.7软件、Stata15.0软件及UCINET6.19,Python3.7软件主要用于进行非财务数据的处理和计算,

Stata15.0 软件主要用于进行描述性统计、相关性检验及回归分析，UCINET6.19 主要用于对回归结果进行非参数检验。笔者对所有数据进行了 1‰ 水平上的 winsor 处理。

二、模型设计

为了检验假设 5-1，借鉴韩洁等（2015），王营、曹廷求（2017），李青原等（2015）的研究，构建模型 5-1。如果模型 5-1 中 $L\_Rep\_txt_{i,t-1}$ 与 $T\_Rep\_txt_{i,t}$ 的关系显著，则代表上市公司存在年报"管理层讨论与分析"文本完整性的模仿效应。

$$T\_Rep\_txt_{i,t} = \alpha_0 + \alpha_1 L\_Rep\_txt_{i,t-1} + \alpha_2 Size_{i,t} + \alpha_3 Roa_{i,t} + \alpha_4 Lev_{i,t}$$
$$+ \alpha_5 Mtb_{i,t} + \alpha_6 Age_{i,t} + \alpha_7 Manageshare_{i,t} + \alpha_8 Share1_{i,t} + \alpha_9 Share10_{i,t}$$
$$+ \alpha_{10} Dual_{i,t} + \alpha_{11} Soe_{i,t} + \sum Ind + \sum Year + \varepsilon_{i,t}$$

（模型 5-1）

为了检验假设 5-2，信息透明度对年报"管理层讨论与分析"文本完整性的模仿效应的影响，将信息透明度（Opacc）及信息透明度与联结公司年报"管理层讨论与分析"文本完整性的交乘项（$L\_Rep\_txt_{i,t-1} \times Opacc_{i,t}$）纳入模型 5-1，得到模型 5-2 进行回归分析。如果模型 5-2 中交乘项的系数显著，那么假设 5-2 得到验证。

$$T\_Rep\_txt_{i,t} = \alpha_0 + \alpha_1 L\_Rep\_txt_{i,t-1} \times Opacc_{i,t} + \alpha_2 Opacc_{i,t}$$
$$+ \alpha_3 L\_Rep\_txt_{i,t-1} + \alpha_4 Size_{i,t} + \alpha_5 Roa_{i,t} + \alpha_6 Lev_{i,t} + \alpha_7 Mtb_{i,t}$$
$$+ \alpha_8 Age_{i,t} + \alpha_9 Manageshare_{i,t} + \alpha_{10} Share1_{i,t} + \alpha_{11} Share10_{i,t}$$
$$+ \alpha_{12} Dual_{i,t} + \alpha_{13} Soe_{i,t} + \sum Ind + \sum Year + \varepsilon_{i,t}$$

（模型 5-2）

为了检验假设 5-3，地区社会信任对年报"管理层讨论与分析"文本完整性的模仿效应的影响，将地区社会信任（Trust）及地区社会信任与联结公司年报"管理层讨论与分析"文本完整性的交乘项（$L\_Rep\_txt_{i,t-1} \times Trust_{i,t}$）纳入模型 5-1，得到模型 5-3 进行回归分析。如果模型 5-3 中交乘项的系数显著，那么假设 5-3 得到验证。

$$T\_Rep\_txt_{i,t} = \alpha_0 + \alpha_1 L\_Rep\_txt_{i,t-1} \times Trust_{i,t} + \alpha_2 Trust_{i,t}$$
$$+ \alpha_3 L\_Rep\_txt_{i,t-1} + \alpha_4 Size_{i,t} + \alpha_5 Roa_{i,t} + \alpha_6 Lev_{i,t} + \alpha_7 Mtb_{i,t}$$
$$+ \alpha_8 Age_{i,t} + \alpha_9 Manageshare_{i,t} + \alpha_{10} Share1_{i,t} + \alpha_{11} Share10_{i,t}$$
$$+ \alpha_{12} Dual_{i,t} + \alpha_{13} Soe_{i,t} + \sum Ind + \sum Year + \varepsilon_{i,t}$$

(模型5-3)

三、变量定义

(一) 被解释变量

本研究的被解释变量为目标公司t年的年报"管理层讨论与分析"文本内容完整性(T_Rep_txt)。如果目标公司年报"管理层讨论与分析"部分披露了"对未来发展进行展望"这部分内容,并且包含了"行业发展""公司战略""经营计划""可能面临的风险"(顺序不限)四个主题,说明年报"管理层讨论与分析"文本内容具有完整性,取值为1,否则为0。

(二) 解释变量

本研究的解释变量是联结公司第t-1年的年报"管理层讨论与分析"文本是否具有完整性L_Rep_txt。如果联结公司年报"管理层讨论与分析"文本完整,取值为1,否则为0。年报"管理层讨论与分析"文本完整性的判断标准同上。为了满足模仿行为发生的时间要求,本研究对目标公司与联结公司的年报披露时间进行了控制,目标公司的年报披露时间晚于联结公司年报披露1年。

(三) 调节变量

信息透明度既能从广义上反映公司信息披露的整体情况,又能从狭义上反映公司会计信息的真实性,因此研究中对信息透明度的度量莫衷一是。本研究从上市公司信息披露的角度,采用盈余管理程度作为信息透明度的度量指标,具体度量方法借鉴了李增泉等(2011)的做法,采用经业绩调整的Jones模型,计算出残差的绝对值。先按照模型5-4计算出系数,然后将计算出来的系数带入模型5-5,计算出残差。将残差的绝对值按照同行业年度进行分组,高于行业年度中位数取值为0,表明上市公司信息透明度较低;

相反，低于行业年度中位数取值为 1，表明上市公司信息透明度较高。

具体计算公式如下：

$$\frac{TA_{i,t}}{Asset_{i,t-1}} = \alpha_1 \frac{1}{Asset_{i,t-1}} + \alpha_2 \frac{\Delta REV_{i,t}}{Asset_{i,t-1}} + \alpha_3 \frac{PPE_{i,t}}{Asset_{i,t-1}} + \varepsilon_{i,t}$$

（模型 5-4）

$$DisAcc_{i,t} = \frac{TA_{i,t}}{Asset_{i,t-1}} - \left(\hat{\alpha}_1 \frac{1}{Asset_{i,t-1}} + \hat{\alpha}_2 \frac{\Delta REV_{i,t} - \Delta REC_{i,t}}{Asset_{i,t-1}} + \hat{\alpha}_3 \frac{PPE_{i,t}}{Asset_{i,t-1}} \right)$$

（模型 5-5）

地区社会信任水平采用的是中国综合社会调查（Chinese General Social Survey，CGSS）的数据。在该调查的历次调查中，被调查者均需要回答一个问题："总的来说，您是否同意在这个社会上，绝大多数人都是可以信任的？"被调查者可以从"完全不同意"到"完全同意"5 个选项中选择最合适的答案。这 5 个选项分别赋值为 1、2、3、4、5。借鉴孟庆斌等（2019）及张新民、叶志伟（2020）的做法，计算该地区被调查者答案的简单平均数，以此作为该地区当年的社会信任水平，分值越高，表明该地区社会信任水平越高。

（四）控制变量

由于影响年报"管理层讨论与分析"文本信息披露的因素很多，几乎涉及公司特征、公司治理等各个方面，因此，本研究控制了公司特征层面的公司规模（$Size$）、资产回报率（Roa）、财务杠杆（Lev）、账面市值比（Mtb）、公司年龄（Age），公司治理层面的管理层持股（$Manageshare$）、第一大股东持股比例（$Share1$）、前十大股东持股比例（$Share10$）、两职合一（$Dual$）、国有企业（Soe），以及年份（$Year$）和行业（Ind）这些控制变量。本文所涉及的模型变量如表 5-1 所示。

表 5-1　　　　　　　　　　模型变量定义

	变量标识	变量名称	变量计算
被解释变量	T_Rep_txt	目标公司的年报"管理层讨论与分析"文本完整性	虚拟变量，如果 t 年目标公司年报"管理层讨论与分析"部分按照要求披露了"对未来发展进行展望"，并且在这部分内容中讨论了"行业发展""公司战略""经营计划"及"可能面临的风险"四个方面，则取值为 1，否则为 0

续表

变量标识	变量名称	变量计算
解释变量		
L_Rep_txt	联结公司的年报"管理层讨论与分析"文本完整性	虚拟变量,如果 $t-1$ 年联结公司年报"管理层讨论与分析"文本完整,取值为1,否则为0。年报"管理层讨论与分析"文本完整性的判断标准同上。为了满足模仿行为发生的时间要求,本研究对目标公司与联结公司的年报披露时间进行了控制,目标公司的年报披露时间晚于联结公司年报披露1年
调节变量		
Opacc	信息透明度	从上市公司信息披露的角度,采用盈余管理程度作为信息透明度的度量指标,具体体量方法借鉴了李增泉等(2011)的做法,采用经业绩调整的Jones模型,计算出残差的绝对值。先按照模型5-4计算出系数,然后将计算出来的系数带入模型5-5,计算出残差。将残差的绝对值按照同行业年度进行分组,高于行业年度中位数的取值为0,表明上市公司信息透明度较低;相反,低于行业年度中位数的取值为1,表明上市公司信息透明度较高
Trust	地区社会信任	中国综合社会调查是中国最早的全国性、综合性的学术调查项目。历次调查中,被调查者均需要回答一个问题:"总的来说,您是否同意在这个社会上,绝大多数人都是可以信任的?"被调查者可以从"完全不同意"到"完全同意"5个选项中选择最合适的答案。这5个选项分别赋值为1、2、3、4、5。本研究计算该地区被调查者答案的简单平均数,从此作为该地区当年的社会信任水平,分值越高,表明该地区社会信任水平越高
控制变量		
Size	公司规模	t 年末目标公司的总资产进行对数处理
Roa	资产回报率	t 年末目标公司的资产回报率
Lev	财务杠杆	t 年末目标公司的总负债/总资产
Mtb	账面市值比	t 年末目标公司的总市值/账面价值
Age	公司年龄	t 年末目标公司的企业成立年份与统计年份之差
Manageshare	管理层持股	t 年末目标公司的企业高管持股比例
Share1	第一大股东持股比例	t 年末目标公司的第一大股东持股比例
Share10	前十大股东持股比例	t 年末目标公司的前十名股东持股比例之和

续表

变量标识	变量名称	变量计算
Dual	两职合一	t年末目标公司的董事长与总经理两职合一，取值为1，否则为0
Soe	国有企业	t年末目标公司为国有控股企业取值为1，否则为0
Ind	行业	行业虚拟变量
Year	年份	年度虚拟变量

第三节 研究结果与分析

一、描述性统计

表5-2显示了同一行业、同年度、相同独立董事联结的公司对中，目标公司的样本分布情况。从中可以看出，在样本期间，年报"管理层讨论与分析"文本内容披露完整的目标公司逐年增加，由2014年的274家上升到2019年的401家，说明《信息披露准则——年报内容与格式》的发布及修订对约束上市公司年报规范性起到了一定作用，公司在年报内容规范性上处于上升趋势，与李燕媛（2012b）的观点，"《信息披露准则——年报内容与格式》对上市公司年报'管理层讨论与分析'文本披露有明显的促进作用"一致。存在独立董事联结的公司的数量从2014年到2018年呈现出显著增长趋势。

表5-2　　　　　目标公司样本分布情况

年度	样本公司数量	年报"管理层讨论与分析"文本披露完整公司数量	年报"管理层讨论与分析"文本披露完整公司占比	存在独立董事联结的公司对数量
2014	487	274	56.26%	723
2015	507	283	55.82%	735
2016	547	314	57.40%	803
2017	650	387	59.54%	952

续表

年度	样本公司数量	年报"管理层讨论与分析"文本披露完整公司数量	年报"管理层讨论与分析"文本披露完整公司占比	存在独立董事联结的公司对数量
2018	743	422	56.80%	1 077
2019	701	401	57.20%	1 006
合计	3 635	2 081	—	5 296

值得一提的是，在2014—2019年，目标公司样本为3 635家，而存在独立董事联结的公司对数量为5 296对，存在独立董事联结的公司对数量大于目标公司数量。这是因为个别目标公司可与多家公司存在独立董事联结，可以构建多个独立董事联结公司对，但目标公司仍然只有一家。

从表5-3所示的描述性统计表可以看出，目标公司年报"管理层讨论与分析"文本完整性的均值为0.553，中位数为1.000，说明样本中有55.3%的公司在2014—2019年实现了年报"管理层讨论与分析"披露内容的完整性，接近全体样本的3/5，年报"管理层讨论与分析"文本披露完整性仍然亟待解决。控制变量的表述性统计与一贯结论保持一致，在此不赘述。

表5-3　描述性统计

变量名	样本量	均值	中位数	最小值	最大值	标准差
T_Rep_txt	5 296	0.553	1.000	0.000	1.000	0.497
L_Rep_txt	5 296	0.716	1.000	0.000	1.000	0.451
$Size$	5 296	22.412	22.254	19.810	26.161	1.213
Roa	5 296	0.036	0.035	−0.257	0.193	0.059
Lev	5 296	0.428	0.422	0.057	0.892	0.190
Mtb	5 296	2.216	1.805	0.000	10.888	1.609
Age	5 296	17.730	17.000	6.000	31.000	5.126
$Manageshare$	5 296	0.129	0.019	0.000	0.690	0.179
$Share1$	5 296	30.537	29.660	0.000	74.820	15.736
$Share10$	5 296	53.080	55.610	0.000	93.470	19.454
$Dual$	5 296	0.271	0.000	0.000	1.000	0.444
Soe	5 296	0.299	0.000	0.000	1.000	0.458

二、实证分析

由表5-4第(1)列可以看出,目标公司与联结公司年报"管理层讨论与分析"文本完整性之间的系数为0.293,在1%的水平上具有统计意义的显著性。这说明在控制了公司层面的变量之后,独立董事联结会引发年报"管理层讨论与分析"内容完整性的模仿效应。也就是说《信息披露准则——年报内容与格式》发布之后,在信息披露完整的上市公司兼任的独立董事会形成对信息披露的规范性认知,并将该公司信息披露的相关信息传递给兼任公司,兼任公司下一年的年报"管理层讨论与分析"内容完整的可能性就会更大。假设5-1得到检验。

从表5-4第(2)列信息透明度与联结公司年报"管理层讨论与分析"文本完整性的交乘项($L\_Rep\_txt_{i,t-1} \times Opacc_{i,t}$)与目标公司年报"管理层讨论与分析"文本完整性($T\_Rep\_txt_{i,t}$)之间的系数为-0.224,在10%的水平上显著相关。这说明独立董事发挥咨询职能的同时,也能够提供规范性约束,在信息透明度低的上市公司,独立董事的规范性约束更明显。假设5-2得到验证。

从表5-4第(3)列地区社会信任与联结公司年报"管理层讨论与分析"文本完整性的交乘项($L\_Rep\_txt_{i,t-1} \times Trust_{i,t}$)与目标公司年报"管理层讨论与分析"文本完整性($T\_Rep\_txt_{i,t}$)之间的系数为0.286,在5%的水平上显著相关。披露完整的年报"管理层讨论与分析"文本信息有利于维护投资者对上市公司的信任,能为上市公司带来潜在的资源。而披露的年报"管理层讨论与分析"文本信息不完全,很有可能损害投资者的信任,产生更高的交易成本。在社会信任水平高的地区,联结公司披露了完整的年报"管理层讨论与分析"文本信息会给目标公司带来更大的压力,从而使目标公司更有动力模仿联结公司的做法,披露完整的年报"管理层讨论与分析"文本信息。因此,地区社会信任水平越高,独立董事联结公司之间的模仿效应越明显。假设5-3得到验证。

表 5-4　　　　　　　　　　　回归结果

	(1) T_Rep_txt	(2) T_Rep_txt	(3) T_Rep_txt
L_Rep_txt×Opacc		−0.224*	
		(−1.70)	
Opacc		0.036	
		−0.33	
L_Rep_txt×Trust			0.286**
			2.51
Trust			−0.099
			(−1.13)
L_Rep_txt	0.293***	0.422***	0.169**
	4.66	4.35	2.17
Size	−0.051	−0.056	−0.037
	(−1.58)	(−1.63)	(−1.00)
Roa	0.139	0.38	−0.306
	0.25	0.63	(−0.44)
Lev	−0.25	−0.069	−0.305
	(−1.26)	(−0.33)	(−1.36)
Mtb	0.005	0.015	0.019
	0.24	0.61	0.74
Age	−0.001	−0.004	−0.008
	(−0.24)	(−0.67)	(−1.20)
Manageshare	0.107	0.206	0.04
	0.56	0.98	0.18
Share1	−0.003	−0.002	−0.001
	(−0.94)	(−0.68)	(−0.34)
Share10	0.002	0	0.001
	0.78	0.12	0.33
Dual	−0.191***	−0.201***	−0.186**
	(−2.86)	(−2.78)	(−2.45)
Soe	0.183**	0.198**	0.082
	2.44	2.51	0.96
_cons	0.813	1.018	−12.999***
	0.67	0.82	(−8.37)
Ind	Yes	Yes	Yes
Year	Yes	Yes	Yes
N	5 296	4 659	4 095
Pseudo_R^2	0.024	0.027	0.024

注：***表示1%水平上显著相关；**表示5%水平上显著相关；*表示10%水平上显著相关；括号内为Z值。

控制变量的结果显示,资产规模越小、资产回报率越高、市值越低、年龄越低、股权集中度越高、产权性质为国有企业的上市公司,越容易在年报"管理层讨论与分析"文本中披露行业发展前景、公司发展战略、公司经营计划、可能面临的风险这些对公司未来发展有诠释作用的信息。公司在披露年报内容时,还存在披露外部性的考虑,规模越大、市值越高的公司,在披露年报"管理层讨论与分析"文本信息时,反而越倾向于避免部分信息的披露;资产回报率高的公司、具有发展潜力的公司、股权集中度高的公司及国有上市公司,更可能按照规定披露完整的年报"管理层讨论与分析"文本信息。

第四节 进一步分析:独立董事联结特征的影响

一、独立董事联结频率的影响

独立董事联结既然能够引发模仿效应,那么如果公司的多个独立董事在多家年报"管理层讨论与分析"信息披露完整的公司任职(联结频率),模仿效应更明显。为验证这一推断,本研究将独立董事联结频率(Link_Freq)带入模型5-1中,结果如表5-5所示。从表5-5中可以看出,独立董事联结频率与年报"管理层讨论与分析"内容完整性的系数为0.295,在1%的水平上具有统计意义的显著性。以上结果表明,公司有越多的独立董事在年报"管理层讨论与分析"信息披露完整的公司兼任,就能越好地传递信息、起到规范性作用,模仿效应也就越明显。

二、独立董事联结强度的影响

接上文分析,公司的多个独立董事在多家年报"管理层讨论与分析"信息披露完整的公司任职(联结频率),模仿效应更明显。而当公司与模仿对象之间有多个不同的独立董事(联结强度),那么模仿效应也应该更明显。为验证这一推断,本研究将独立董事联结强度(Link_Sth,同行业公司之间共同独立董事的数量)带入模型5-1中,结果如表5-5所示。从表5-5中可以看出,独立董事联结强度与年报内容完整性的系数为0.375,在1%的水平上具有统计意义的显著性。以上结果表明,与年报"管理层讨论与分析"内容完整的公司之间有多个独立董事兼任,能更好地传递信息、起到规范性作用,模仿效应也更明显。

表 5-5　　进一步分析:独立董事联结频率、强度的影响

	(1) T_Rep_txt	(2) T_Rep_txt
Link_Freq	0.295***	
	3.51	
Link_Sth		0.375***
		4.21
Size	−0.053	−0.051
	(−1.64)	(−1.60)
Roa	0.17	0.15
	0.3	0.27
Lev	−0.243	−0.249
	(−1.23)	(−1.26)
Mtb	0.005	0.005
	0.2	0.21
Age	−0.002	−0.002
	(−0.25)	(−0.25)
Manageshare	0.109	0.111
	0.58	0.58
Share1	−0.003	−0.003
	(−0.96)	(−0.93)
Share10	0.002	0.002
	0.83	0.79
Dual	−0.193***	−0.191***
	(−2.90)	(−2.87)
Soe	0.183**	0.183**
	2.44	2.43
_cons	1.065	1.025
	0.86	0.84
Ind	Yes	Yes
Year	Yes	Yes
N	5 296	5 296
Pseudo_R^2	0.022	0.023

注:***表示1%水平上显著相关;**表示5%水平上显著相关;*表示10%水平上显著相关;括号内为Z值。

第五节　稳健性检验

一、更换模型

主假设采用的模型需要将独立董事按照 ID 配对，但同一独立董事联结的公司本身可能存在一定的相关性，使得披露完整年报"管理层讨论与分析"文本的可能性存在关联。因此，年报"管理层讨论与分析"文本完整性的模仿效应并非因为模仿，而是因为公司之间的关联。为了排除这一竞争性假设，本研究借鉴刘永涛等（2015）的做法，更换了模型设计，更换后的模型如模型 5-6 所示。

$$T\_Rep\_txt_{i,t+1} = \alpha_0 + \alpha_1 Link_{i,t} + \alpha_2 Size_{i,t} + \alpha_3 Roa_{i,t} + \alpha_4 Lev_{i,t} + \alpha_5 Mtb_{i,t} + \alpha_6 Age_{i,t} + \alpha_7 Manageshare_{i,t} + \alpha_8 Share1_{i,t} + \alpha_9 Share10_{i,t} + \alpha_{10} Dual_{i,t} + \alpha_{11} Soe_{i,t} + \sum Ine + \sum Year + \varepsilon_{i,t}$$

（模型 5-6）

解释变量 Link 表示与披露完整年报"管理层讨论与分析"文本的公司存在独立董事联结，包括是否存在联结哑变量（Linkdum），如果该公司独立董事也在披露了完整年报"管理层讨论与分析"文本的上市公司任职，则取值为 1，否则为 0；联结频率（Link_Freq）为连续变量，表示独立董事同时还任职的其他年报"管理层讨论与分析"文本披露完整的公司的数量；联结强度（Link_Sth）为连续变量，表示与同一年报"管理层讨论与分析"文本披露完整的公司之间存在独立董事的数量。被解释变量 T_Rep_txt，表示样本公司是否披露了完整的"管理层讨论与分析"年报文本信息，是则取值为 1，否则取值为 0。控制变量同上。

表 5-6 是采用 Logit 模型回归的结果，表 5-6 的第（1）列显示，独立董事联结的模仿效应系数为 0.936，且在 1% 的水平上具有统计意义的显著性，在控制其他可能影响年报"管理层讨论与分析"文本完整性的因素后，独立董事联结会引发年报"管理层讨论与分析"文本完整性的模仿效应，如果与年报"管理层讨论与分析"文本披露完整的公司存在独立董事联结，则目

标公司下一年披露完整年报"管理层讨论与分析"文本的可能性更大。连续变量,联结频率(Link_Freq)、联结强度(Link_Sth)与被解释变量的系数分别为 0.040、0.038,在 1% 的水平上具有统计意义的显著性。这说明与年报"管理层讨论与分析"文本披露完整的公司联结的独立董事数量越多,目标公司下一年"管理层讨论与分析"文本披露完整的可能性越大。以上结论均与假设 5-1 一致,即独立董事联结的公司存在年报"管理层讨论与分析"文本完整性的模仿效应。

表 5-6 更换模型

	(1) T_Rep_txt	(2) T_Rep_txt	(3) T_Rep_txt
$Link$	0.936***		
	(13.82)		
$Link\_Freq$		0.040***	
		(12.39)	
$Link\_Sth$			0.038***
			(6.97)
$Size$	−0.086**	−0.081**	−0.075*
	(−2.30)	(−2.10)	(−1.93)
Roa	1.237**	1.184**	1.208**
	(2.38)	(2.24)	(2.32)
Lev	0.213	0.203	0.227
	(0.94)	(0.89)	(0.99)
Mtb	−0.006	−0.009	−0.011
	(−0.47)	(−0.53)	(−0.64)
Age	0.011	0.010	0.011
	(1.42)	(1.34)	(1.51)
$Manageshare$	−0.007	−0.021	−0.037
	(−0.04)	(−0.11)	(−0.19)
$Share1$	0.001	0.002	0.002
	(0.42)	(0.56)	(0.58)
$Share10$	0.009***	0.009***	0.009***
	(2.95)	(2.75)	(2.72)
$Dual$	0.009	0.004	−0.002
	(0.13)	(0.05)	(−0.03)
Soe	0.327***	0.310***	0.326***

	(1) T_Rep_txt	(2) T_Rep_txt	(3) T_Rep_txt
	(3.33)	(3.17)	(3.31)
_cons	0.737	0.642	0.479
	(0.82)	(0.70)	(0.52)
Ind	Yes	Yes	Yes
Year	Yes	Yes	Yes
N	9 387	9 387	9 387
Pseudo_R^2	0.058	0.054	0.042

注:***表示1%水平上显著相关;**表示5%水平上显著相关;*表示10%水平上显著相关;括号内为Z值。

二、替换被解释变量

由于数据的可得性,本研究仅采用是否在年报"管理层讨论与分析""对未来发展进行展望"部分披露了"行业发展""公司战略""经营计划""可能面临的风险"四部分内容作为年报"管理层讨论与分析"文本完整性的度量变量,而对这四部分披露的内容没有严格限制。而现实中存在部分公司为了满足信息披露的要求,仅列举这四部分标题,而在内容表述上进行简化,没有实质性信息的情况。为了防止年报"管理层讨论与分析"文本完整性的度量存在偏差,避免部分公司的模板式披露对研究结论的干扰,笔者进一步将"对未来发展进行展望"这部分内容的字数加入样本进行筛选,具体做法为设置年报"管理层讨论与分析"内容完整性变量(L_Rep_txt),如果公司年报"管理层讨论与分析"内容已经包含了上述四个方面,同时这部分内容的字数大于行业中位数,则视为年报"管理层讨论与分析"内容披露完整,取值为1,否则为0。将L_Rep_txt带入模型5-1中,考察独立董事联结与年报"管理层讨论与分析"文本内容完整性的模仿效应。回归结果如表5-7所示。从表5-7中可以看出,替换了被解释变量之后,联结公司的年报"管理层讨论与分析"文本完整性与目标公司的年报"管理层讨论与分析"文本完整性仍然是正相关关系,系数为0.143,且具有接近5%水平上的显著性。这说明本研究的结论依然稳健,即独立董事联结公司之间存在年报"管理层讨论与分析"文本完整性的模仿效应。

表 5-7 替换被解释变量

	(1) T_Rep_txt
L_Rep_txt	0.143**
	(2.15)
Size	−0.120***
	(−3.25)
Roa	0.766**
	(2.24)
Lev	−0.077
	(−0.34)
Mtb	−0.061**
	(−2.41)
Age	−0.016**
	(−2.32)
Manageshare	0.077
	(0.35)
Share1	−0.007**
	(−2.28)
Share10	0.015***
	(4.86)
Dual	−0.284***
	(−3.52)
Soe	−0.012
	(−0.14)
_cons	−11.351***
	(−10.00)
Ind	Yes
Year	Yes
N	4 519
Pseudo_R^2	0.021

注：*** 表示 1% 水平上显著相关；** 表示 5% 水平上显著相关；* 表示 10% 水平上显著相关；括号内为 Z 值。

三、同一企业集团的影响

尽管相比于高管联结、董事联结等联结关系，独立董事联结具有弱联结的特征，处于同一企业集团的可能性更低，但仍需排除这种可能性。因为如果存在独立董事联结的公司同属于一个企业集团，则产生二者年报"管理层讨论与分析"文本完整性相似的结果很有可能是因为同一个企业集团适用相似的信息披露要求，而非独立董事联结信息传递的结果，即独立董事联结对年报"管理层讨论与分析"文本完整性的影响存在替代性解释。为了避免企业集团对本研究结论产生干扰，本研究剔除了样本中被同一个第一大股东持股的公司对，重新对模型5-1进行回归分析。从表5-8的结果不难看出，剔除了被同一个第一大股东持股的公司对之后，联结公司的年报"管理层讨论与分析"文本完整性与目标公司年报"管理层讨论与分析"文本完整性之间仍然是正相关关系，且在1%的水平上具有统计意义的显著性。

表5-8　　　　　　　剔除同一企业集团

	(1) T_Rep_txt
L_Rep_txt	0.294***
	(4.68)
Size	−0.051
	(−1.59)
Roa	0.138
	(0.24)
Lev	−0.232
	(−1.18)
Mtb	0.007
	(0.31)
Age	−0.002
	(−0.26)
Manageshare	0.114
	(0.60)
Share1	−0.003
	(−0.94)

续表

	(1) T_Rep_txt
Share10	0.002
	(0.77)
Dual	−0.187***
	(−2.80)
Soe	0.190**
	(2.53)
_cons	0.975
	(0.80)
Ind	Yes
Year	Yes
N	5 278
Pseudo_R^2	0.023

注：*** 表示 1% 水平上显著相关；** 表示 5% 水平上显著相关；* 表示 10% 水平上显著相关；括号内为 Z 值。

四、互为因果的内生性问题

由于独立董事联结与公司信息披露行为之间存在另外一种解释，即不是因为独立董事联结而产生年报"管理层讨论与分析"文本完整性的模仿效应，而是披露完整年报"管理层讨论与分析"文本信息的公司更倾向于选择同一个独立董事，两者存在互为因果的内生性问题；加之在社会网络研究中，不可避免地会出现各观测值之间不相互独立的情况，因而用常规的统计程序很难进行参数估计。因为标准统计程序的一个前提是，各观测值之间能够相互独立，否则会计算出错误的标准差。在社会网络研究中，最常见的方法是采用 QAP 分析。QAP 是一种以重新抽样为基础的方法，已经在社会网络研究中得到广泛应用，其研究对象都是"关系"数据（刘军，2009）。

为了避免观测值不独立对研究结果的干扰，也为了检验可能存在的内生性问题，本研究选择 2013—2019 年的样本作为研究样本，剔除金融类上市公司、ST 上市公司，共 3 370 家，通过在任意两家公司之间建立联系，得到 11 353 530（3 370×3 369）个关系数。变量都采用 N×N 方阵的形式。

变量定义如下。

(1) 年报"管理层讨论与分析"文本完整性模仿（S_Rep_txt）是指在2014—2019年,任意两家公司如果都披露了完整的年报"管理层讨论与分析"文本信息,则邻接矩阵中取值为1,否则为0。

(2) 企业间独立董事联结（$Link$）是指2013—2019年任意两家公司之间存在相同的独立董事。

(3) 相同产权性质（S_Soe）。

具体处理过程如下：第一步,将Excel"独立董事—任职公司"数据导入UCINET软件（独立董事采用独立董事的唯一ID,任职公司使用处理成字符串形式的公司代码）；第二步,在UCINET软件中将Excel数据保持为"独立董事—公司"二模（2-mode）矩阵；再将"独立董事—公司"矩阵转置为"公司—独立董事"二模（2-mode）矩阵；将"公司—独立董事"二模（2-mode）矩阵与"独立董事—公司"二模（2-mode）矩阵相乘,获得"公司—公司"关系矩阵,二者的关系建立在是否拥有共同独立董事的基础上,即任职关系矩阵,矩阵元素包括0和1两种,0表示不存在独立董事任职联结关系,1表示存在独立董事任职联结关系。

类似地,建立基于年报"管理层讨论与分析"文本完整性的"公司—公司"关系矩阵,以及基于产权性质建立的"公司—公司"产权性质关系矩阵。最后,利用UCINET软件,将三者按照被解释变量及解释变量的顺序导入,并通过QAP分析检验,得到表5-9所示的结果。从表5-9可以看出,企业间独立董事联结（$Link$）的系数为正,并在1%的水平上具有统计意义的显著性,说明独立董事联结确实对年报"管理层讨论与分析"文本内容的完整性产生了影响,与前文结果一致。

表5-9　　　　　　　　QAP回归分析结果

变量	非标准化系数	标准化系数	P值
Constant	0.678	0.000	—
Link	0.017	0.002	0.004
S_Soe	0.096	0.062	0.002
N	11 353 530	11 353 530	
Adj_R^2	0.004	0.004	

第六节 本章小结

从理论上讲,上市公司年报"管理层讨论与分析"这部分的规范在不断调整,因此是否以及如何满足规范性要求,会借由独立董事联结带来的信息进行参照,从而形成独立董事联结与年报"管理层讨论与分析"内容完整性的模仿效应。从目前的规定来看,直到2012年,中国证监会《信息披露准则——年报内容与格式》对年报"管理层讨论与分析"的要求框架得以确立,上市公司的信息披露规范也最终确立,虽然年报"管理层讨论与分析"属于公开披露的信息,但是自由选择的空间较大,本章利用2013年首次以年报中披露"行业发展""公司战略""公司经营""可能面临的风险"作为规范为契机,以2014—2019年为研究期间,考察独立董事联结对年报"管理层讨论与分析"内容完整性的影响。研究发现,如果上市公司的独立董事在年报"管理层讨论与分析"内容完整的上市公司兼任,则该上市公司年报"管理层讨论与分析"内容披露完整的可能性更大,表明同一独立董事能够传递公司年报"管理层讨论与分析"披露规范的信息,而且信息透明度越低的公司,独立董事的监督作用越明显;地区社会信任作为非正式制度能够促进这种模仿效应。本章还进一步研究发现,独立董事联结的频率越高,强度越大,该模仿效应越明显。本章为了避免同行业公司因为相关业务会选择相同独立董事这一内生性问题,还采用了社会网络研究中用到的非参数模型——QAP分析方法进行处理,得到的结果支持本研究的结论。

从本章中,得到如下启示。

(1) 公司并非独立的个体,而是基于独立董事联结与其他公司产生联系,公司具有网络嵌入性。如果与年报"管理层讨论与分析"内容完整的公司存在独立董事联结,上市公司很大可能是见贤思齐,也披露完整的年报"管理层讨论与分析"文本,联结的强度及频率会促进这种模仿效应。

(2) 信息透明度高的公司,更容易遵守信息披露的规范性约束,披露完整的年报"管理层讨论与分析"文本信息;信息透明度低的公司,更容易遮掩公司的真实情况,从而在年报"管理层讨论与分析"文本信息中缺失部分信息。较之于信息透明度高的公司,独立董事的任职经验及规范性约束更能在信息透明度低的公司发挥作用,信息透明度低的公司更容易模仿年报"管理层讨论与分析"文本完整性的披露。

(3)社会信任作为一种非正式制度,是正式制度的有力补充,当地区社会信任水平较高时,上市公司的融资成本更低、资源更加丰富。联结公司披露了完整的年报"管理层讨论与分析"文本信息,投资者对相同或者相似经济事项的预期有了初步印象,目标公司为了维持投资者的信任,也需要披露完整的年报"管理层讨论与分析"文本信息供投资者参考,而这有利于促进年报"管理层讨论与分析"文本完整性的模仿效应。

第六章　独立董事联结与年报"管理层讨论与分析"文本内容的模仿效应

越来越多财务信息使用者开始意识到年报"管理层讨论与分析"具有信息含量。"管理层讨论与分析"这部分内容"向投资者提供了管理层视角的经营情况汇报"(美国证券交易委员会,1989),管理层在披露"管理层讨论与分析"部分时有很大的自利动机,比如在业绩较差时降低年报的可读性,附加更多的解释性信息,或者使用更多未来导向的词语(Li, 2010; Merkley, 2014; Li, 2008)。但年报"管理层讨论与分析"文本的文字性表述需要在基本的会计框架内开展,遵循会计术语与会计逻辑(Aerts, 1994)。李燕媛(2012b)也认为"管理层讨论与分析"的内容不是简单地从财务报表直接复制数据或者局限于简单描述和列举,而是结合财务数据,着重讨论与分析报表主要项目的重大变化,包括这些重大变化为何发生、如何发生,以及已经产生或者未来将会产生的重大影响,保证讨论的内容与财务报表或者其他信息一致。合理地披露年报"管理层讨论与分析"文本信息,有利于投资者更好地理解财务数据背后的经济实质,对公司经营情况做出准确的判断,并对未来的发展做出预测。

中国证监会早在2001年就发布了《信息披露准则——年报内容与格式》修订稿,明确要求上市公司年报中应该披露"董事会报告"章节,不仅需要介绍公司在报告期内的经营情况,还应介绍公司在报告期内的投资情况。随后年度的《信息披露准则——年报内容与格式》又对年报"管理层讨论与分析"的披露格式和内容进行了修订。在2012年的《信息披露准则——年报内容与格式》中,"对主要经营情况进行回顾分析"详细规定了披露的要点,重点包括回顾支出、成本、费用、研发支出、现金流等项目的变化及原因;"对未来发展进行展望"的内容包括行业格局、公司发展战略、经营计划及可能面对的风险,形成对传统财务信息的必要和有益补充。

在外部环境不确定的情况下,如何阐述公司本期财务数据的主要来源和变动原因,分析公司未来的发展机遇和可能发生的风险,存在不确定性;而且,年报的文本表述有利于将公司行为和经营情况合法化(Aerts,1994),会影响到投资者对公司现状、特殊事项及经济活动的解读,进而影响到投资者对公司价值的评估。De Franco et al.(2020)研究发现,审计师通过审查年报"管理层讨论与分析"信息对其内容产生影响,同一审计师审计的公司之间的年报"管理层讨论与分析"文本更相似。虽然没有针对年报"管理层讨论与分析"文本的审计要求,但是审计师会有意、无意地影响年报"管理层讨论与分析"文本披露,从而导致相同审计师审计的年报"管理层讨论与分析"文本具有相似性。Johnston and Zhang(2018)研究发现,中小会计师事务所的审计缺乏系统性,而四大会计师事务所形成了各具特色的审计系统,从而导致其客户会按照事务所的信息披露要求形成相似的年报"管理层讨论与分析"文本表述。

中国关于信息披露的模仿效应的研究也仅限于特定内容的信息,比如环境信息、社会责任信息等,对于年报"管理层讨论与分析"文本内容的模仿还缺乏研究。实务中,年报"管理层讨论与分析"文本的余弦相似度达到0.446,说明平均而言,同行业任意公司之间"管理层讨论与分析"接近45%的内容是相似的。采用Jaccard计算的相似性还要更高。除了同行业公司之间有相同的经济事项产生的相似性,公司在年报"管理层讨论与分析"文字表述中是否会通过社会网络中的嵌入性参考其他企业的年报"管理层讨论与分析"文本也很值得研究。因此,年报"管理层讨论与分析"文本内容的形成不仅是高管个人决策的结果,还需要在企业所处的社会结构中进行考察。独立董事联结在企业之间起到了纽带作用,是企业嵌入社会网络的重要机制,独立董事联结有利于促进企业之间年报"管理层讨论与分析"文本内容的模仿效应。

本章采用2013—2019年沪深A股非金融、非ST上市公司作为研究样本,考察中国广泛存在的独立董事联结关系与年报"管理层讨论与分析"文本内容的模仿效应,试图揭示在同一独立董事联结的公司间年报"管理层讨论与分析"文本更为相似的现象,并为这一现象提供合理的解释。本章还对不同独立董事的异质性进行了细分,进一步分析独立董事财务背景、网络位置对年报"管理层讨论与分析"文本内容模仿效应的影响,试图更加详细地解释独立董事的不同背景对年报"管理层讨论与分析"文本内容的影响。本章还进一步考察年报"管理层讨论与分析"文本模仿内容的选择,到底是"对主要经营情况进行回顾"这类基于公司经营业绩的历史信息的模仿,还是"对未来发展进行展望"这类不确定性更大、更需要战略眼光和市场判断力的展望信息的模仿。本章对理论界和实务界理解和重视年报"管理层讨论与分析"文本信息具有重要的理论意义和实践价值。

第一节 理论分析与研究假设

一、独立董事联结与年报"管理层讨论与分析"文本内容的模仿效应

(一)年报"管理层讨论与分析"文本内容模仿的动机

首先,"管理层讨论与分析"披露是一个系统而复杂的工程,非常依赖管理层的战略眼光及私有信息。相比于年报中的数字信息,文字信息占据了更大的篇幅,而且与财务信息密切相关,阐述了会计盈余产生的路径,相关的经营、投资、融资情况,外部环境变化及行业发展趋势,还增加了对公司潜在风险的描述,用于提醒投资者潜在的投资风险,有助于投资者站在管理层的角度了解公司经营状况,准确预估公司未来的业绩并规避可能面临的风险,做出合理的投资决策(孟庆斌等,2017;Cole and Jones,2004;Bryan,1997)。年报"管理层讨论与分析"部分的前瞻性信息能够显著提升企业财务危机预测能力(李秉成等,2019)。

中国正处于经济转型时期,经济增长方式和资源配置方式均发生了很大的变化,企业经营环境不确定性较高。外部环境的不确定性会影响企业的投融资决策及风险应对,而这些信息是年报"管理层讨论与分析"文本中的重要内容,也是投资者的重点关注对象。如何在客观反映外部风险的同时,增加投资者对公司经营情况的了解,是重要的信息披露决策,不仅体现了企业未来的发展目标,也蕴含了公司独特的经营哲学。虽然2012年新修订的《信息披露准则——年报内容与格式》对上市公司年报披露的项目进行

了明确规定,但是,上市公司如何披露这部分信息却有很大的选择空间。在外部环境不确定的情况下,企业会采取模仿行为,而模仿联结公司的行为不失为一个有效措施。

其次,伴随披露制度的逐步完善、资本市场和投资者重视程度的增加,外部审计对该部分信息的关注程度也逐渐加强(葛锐等,2020)。逐渐增多的监管关注及投资者关注无形中增加了上市公司的合法性压力,模仿行为能够帮助上市公司实现"管理层讨论与分析"这部分内容的合法性。

"管理层讨论与分析"因能增强信息披露的透明度和有效性,在世界范围内享有盛誉,被称为财务报告的"核心与灵魂"(李燕媛、张蝶,2012)。在经受信任之殇的后安然时代,为有效识别会计舞弊和欺诈行为,改善信息不确定的环境,管理层讨论与分析信息披露机制被寄予厚望(SEC,2005;贺建刚,2012)。如何提高年报"管理层讨论与分析"的质量,发挥它应有的作用,是一个备受关注的问题。由于年报"管理层讨论与分析"信息具有自主性及前瞻性,难以通过规范性的要求对其进行约束,这就使得目前年报"管理层讨论与分析"信息的鉴证具有相当大的难度。理论上讲,由于中国尚未有相关的法律条文及信息披露规范,这部分内容的监管处于空白地带。但是从实务上,审计师对这部分内容关注的呼声日渐明显。审计师要充分识别、评估和判断影响公司经济活动的风险因素(王雄元等,2018;周则将等,2019),虽然不需对其进行审计,但是应核查其关键部分。当年报"管理层讨论与分析"中管理层的自愿性披露中存在过于冒进、不实描述等不利于财务报告一致性的情况时,为避免投资者被误导,审计师会严格遵循审计程序,加强审计力度,出具非无保留审计意见或拒绝审计(葛锐等,2020)。共享审计师的公司之间年报"管理层讨论与分析"文本内容更加相似(De Found et al.,2020)。

和审计师提供鉴证服务不同,独立董事对上市公司的信息披露有监督义务。根据中国证监会的要求,上市公司需要建立独立董事年报工作制度,保证年报的真实、准确。独立董事其中一个重要的任务就是关注年报非财务信息的披露,与进场的审计师沟通,还要在审计师审计完成后继续与其沟通。而且,独立董事有责任监督对会计师事务所的选择,同一独立董事任职的公司更有可能选择同一会计师事务所(陈仕华和马超,2012)。独立董事在工作中能够积累起对年报"管理层讨论与分析"文本信息是否规范、真实的判断，并且在兼任的公司中不断学习，从而形成规范的框架，对年报"管理层讨论与分析"文本信息披露产生约束。上市公司通过独立董事联结，掌握联结公司对历史信息的归纳整理及对未来信息的整体把握，有利于确保符合信息披露规范。

(二) 独立董事能否影响年报"管理层讨论与分析"部分的内容，以及如何影响

1. 独立董事有能力影响年报"管理层讨论与分析"文本内容

2006年中国证监会监督管理委员会审议通过的《上市公司信息披露管理办法》规定了上市公司内部针对年报信息披露的审阅程序。实践中，独立董事参与公司治理的时间和精力有限，其参与公司治理的方式依赖以独立董事作为召集人的董事会专业委员会。根据《上市公司治理准则》的规定，上市公司应该设置专门委员会，由独立董事作为召集人，而且独立董事在委员会的占比不低于二分之一。

参与到审计委员会的独立董事，一个重要职责是负责审核公司信息及其披露。此外，2014年，中国上市公司协会针对独立董事的履职要求发布了《上市公司独立董事履职指引》，其中提到独立董事有对年报进行审议的职权。独立董事参与年报披露的事前、事中、事后的各个环节。无论是中国证监会发布的规范性文件，还是中国上市公司协会发布的自律性规范，都规定了独立董事有权听取上市公司年报内容，并且具有对上市公司年报进行审议的职能，因此，独立董事有能力影响到年报"管理层讨论与分析"的披露。

年报公开披露前的公司内部审阅流程如图6-1所示。

2. 独立董事影响年报"管理层讨论与分析"文本内容的机理

首先，独立董事是董事会成员，负有董事的一般义务。从职能上讲，内部董事负责具体决策的制定，独立董事负责为决策制定提供咨询建议。年报"管理层讨论与分析"文本内容之所以重要，在于它能够向投资者提供对公司经营情况的判断，通过分析年报"管理层讨论与分析"部分的内容，投资者可以更加全面、深入地了解企业会计盈余的产生基础，以及公司未来的发展方向，还可以了解公司外部环境及行业波动对公司未来发展的影响。但是从公司的角度讲，提供这样一份翔实、充分的年报，势必会增加信息披露的成本，而且管理层对外部环境的认知也有一定的局限，需要从独立董事那

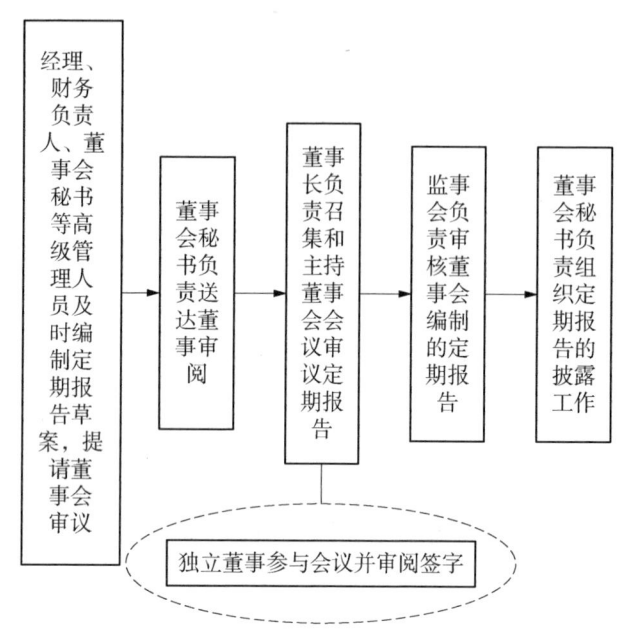

```
┌──────┐  ┌──────┐  ┌──────┐  ┌──────┐  ┌──────┐
│经理、│  │董事会│  │董事长│  │监事会│  │董事会│
│财务负│  │秘书负│  │负责召│  │负责审│  │秘书负│
│责人、│  │责送达│  │集和主│  │核董事│  │责组织│
│董事会│→ │董事审│→ │持董事│→ │会编制│→ │定期报│
│秘书等│  │阅    │  │会会议│  │的定期│  │告的披│
│高级管│  │      │  │审议定│  │报告  │  │露工作│
│理人员│  │      │  │期报告│  │      │  │      │
│及时编│  │      │  │      │  │      │  │      │
│制定期│  │      │  │      │  │      │  │      │
│报告草│  │      │  │      │  │      │  │      │
│案,提 │  │      │  │      │  │      │  │      │
│请董事│  │      │  │      │  │      │  │      │
│会审议│  │      │  │      │  │      │  │      │
└──────┘  └──────┘  └──────┘  └──────┘  └──────┘
                         ╲  ╱
              ⌢⌢⌢⌢⌢⌢⌢⌢⌢⌢⌢⌢⌢⌢
             ( 独立董事参与会议并审阅签字 )
              ⌣⌣⌣⌣⌣⌣⌣⌣⌣⌣⌣⌣⌣⌣
```

图 6-1 年报公开披露前的公司内部审阅流程

里获取相关建议。

建议的合理性取决于独立董事的认知,而认知的形成来源于其知识背景和社会学习经验。由于外部环境存在不确定性,独立董事无法推测决策产生的后果,但是由于兼任关系,独立董事能够了解其他公司年报"管理层讨论与分析"信息披露过程的相关情况,通过对决策后果的学习,形成新的认知,并在公司决策时提供建议。陈运森、郑登津(2017)发现,在连锁网络中的董事存在社会学习效应,即网络中的董事通过观察和学习其他公司的决策活动,形成决策相关的深入认知,并在参与决策制定的过程中总结经验,将信息转换为各类具体的政策。相比于内部董事受委派或者因持股关系参与其他公司董事会的情况,独立董事可以在不超过5家上市公司任职,独立董事联结所参与的公司数量更多,信息来源更加广泛,有利于获取更加丰富的决策相关信息,并在其他公司面临相似的决策需要时提供建议,从而形成年报"管理层讨论与分析"文本内容的模仿效应。

其次,独立董事有提供企业间异质性信息的能力。Granovetter(1973)认为,人与人、组织与组织之间因为发生交流和接触而存在一种纽带关系,它在群体、组织之间发挥着纽带的作用,使个体或组织更容易获得新信息和资源。而且,独立董事联结可以建立起公司之间的关系认同,汪和建(2007)指出,某种特定关系的边界可以根据群体的目标进行调整,通过判断他人是否具有关系属性将其纳入"自己人"或"外部人"的范畴,对"自己人"进行优待,对"外部人"予以排斥。罗家德和叶勇助(2007)认为,中国的关系认同包括"朋友的朋友",周建国(2010)支持该观点,认为"朋友的朋友"作为中间人,能够化解人际交往中的困境。在 A 公司任职的独立董事,由于共事关系,与董事会其他成员之间具有"朋友"的认同关系;该独立董事同时在 B 公司兼任独立董事(或执行董事),与 B 公司董事会其他成员之间形成了"朋友"的认同关系,而 A 公司董事会成员与 B 公司董事会成员之间由于独立董事联结关系的存在,建立了"朋友的朋友"的认同关系。公司之间的关系认同借由董事会成员对独立董事联结关系的认同得以体现,有利于信息等资源在公司之间共享。

独立董事联结是企业嵌入社会网络的重要途径,独立董事通过参与董事会会议,听取公司汇报或者参与审计委员会对年报信息披露的审核,能够掌握任职公司经营、投资相关的私有信息,并通过任职关系在兼任公司中传递信息。年报的"管理层讨论与分析"部分是对公司过去经营情况的总结及对未来经营的展望,这一部分的文字表述不受监管层的约束,存在很大的自主性。中国证监会发布的《信息披露准则——年报内容与格式》对年报的内容和格式进行了规范。因而,上市公司的信息披露产生了一定合法性压力,满足中国证监会《信息披露准则——年报内容与格式》的格式要求会降低公司的政治成本。如果公司 A 在 2013 年的年报内容披露遵守了《信息披露准则——年报内容与格式》的要求,那么该公司的独立董事可以通过参与董事会会议,了解公司运用会计逻辑将公司发生的事项转化为具体文字的过程,并通过掌握年报对外发布后的情况,了解年报"管理层讨论与分析"文本内容写作的规范性及产生的后果。基于独立董事对信息披露合法性的认知,其他公司在面临信息披露不确定的情况时,会通过独立董事建立起来的信息渠道进行模仿,进而产生年报"管理层讨论与分析"文本内容的模仿效应。

据此提出假设 6-1:在其他条件不变的情况下,独立董事联结会引发年报"管理层讨论与分析"文本内容的模仿效应,即存在独立董事联结的公司之间,年报"管理层讨论与分析"文本内容相似程度更高。

二、独立董事财务背景的影响

Barker and GC Mueller(2002)认为,个人的经历能够对决策产生影响,职业背景和经验会影响决策者关注的焦点,从而使其制定与关注点相关度高的决策。在复杂的内、外部环境中,高管的认知有限,而独立董事能够为公司决策提供咨询建议。独立董事往往是各领域的精英,有着丰富的从业经验和专业背景,能够利用其积累的经营等优势为公司的经营提供重要的资源支持(Pfeffer, 1972)。信息也是一种重要的资源。李青原等(2015)发现,当连锁独立董事拥有特殊会计专长时,其所兼任企业的盈余质量将显得更为相似。刘永涛等(2015)也发现,连锁董事的会计背景及审计委员会任职更能够促进研发支出会计政策选择的模仿效应。

由于信息披露的专业性和复杂性,具有财务背景的独立董事相对于其他背景的独立董事在此方面具有独特的专业性优势,更能够凭借其在财务方面扎实的专业知识和丰富的实践经验对上市公司财务数据的合理性做出独立、准确的专业判断。Chychyla et al. (2019)研究认为,在美国证券交易委员会财务报告准则要求越来越复杂的背景下,公司为了能够既满足信息披露准则的要求,又消除信息披露复杂带来的不利影响,会聘请具有会计背景的独立董事。发达资本市场的经验在中国新兴资本市场中也得到了验证,翟淑萍、袁克丽(2019)根据中国独立董事的数据研究发现,财务独立董事更不易受上市公司大股东及管理层的影响,能保证公司的财务信息在适当的时间内以正确的形式提供给信息使用者。《信息披露准则——年报内容与格式》发布后,具有财务背景的独立董事往往在董事会专门委员会中担任审计委员会负责人,他们通过直接参与会计政策选择等重要事项的审议,参与了信息披露决策。加上任职优势,独立董事增加了对上市公司了解的渠道。对公司外部信息的掌握影响了独立董事在其他兼任公司对信息的接收和处理,因而其能为其他兼任公司提供更加规范性的建议,进而促进年报"管理层讨论与分析"文本内容的模仿效应。

因此,笔者提出假设6-2:在其他条件不变的情况下,具有财务背景的独立董事会促进年报"管理层讨论与分析"文本内容的模仿效应。

三、独立董事网络位置的影响

独立董事基于兼任关系形成了任职网络,独立董事在网络中的位置会影响其专业性,从而对年报"管理层讨论与分析"文本的模仿效应影响更明显。

首先,处于网络中心位置的独立董事具有资源优势。年报"管理层讨论与分析"文本既要提供对财务信息的补充,又要提供与公司发展前景有关的前瞻性信息,处于网络中心位置的独立董事能通过与其所任职的董事会其他专业背景的成员沟通,获得法律、政府、银行等相关的背景知识,进而分析和预测政府行为,尤其是一些政策的实施对公司的影响,有利于独立董事对企业的发展阶段和可能面临的风险形成更深入的认识,帮助上市公司建立更加完善的信息披露框架,应对外部环境的变化。

其次,处于网络中心位置的独立董事占据更大的信息优势。独立董事在由社会关系构建的社会网络中发挥了私有信息渠道的作用。个体在社会网络中的位置越靠近中心,依靠社会网络获取的信息越多,越有利于其掌握公司的真实情况,从而提高其专业胜任能力。处于网络中心位置的独立董事在兼任公司的年报评审环节会提供更加权威的专业性意见,影响其所任职的公司,使其形成统一的年报"管理层讨论与分析"文本信息披露风格。

最后,担任独立董事的人员本身具有一定的社会声望,而处于网络中心位置的独立董事有更好的社会资源、更高的社会声望。为了维护自身在行业内的声誉,独立董事也更有动机发挥监督作用。研究表明,处于网络中心位置的独立董事能够提高上市公司财务信息的披露质量(陈运森,2012)。虽然现行法律规范没有明确要求独立董事有监督年报"管理层讨论与分析"文本信息披露的职责,甚至对年报"管理层讨论与分析"文本信息的合法性都没有明确的规定,但作为对财务信息的重要补充,年报"管理层讨论与分析"文本信息也需要在一定的会计框架内。处于网络中心位置的独立董事更有意愿规范年报"管理层讨论与分析"文本的合法性,从而使得兼任的公司之间形成年报"管理层讨论与分析"文本内容的模仿效应。

因此,笔者提出假设6-3:在其他条件不变的情况下,独立董事网络中心度会促进年报"管理层讨论与分析"文本内容的模仿效应。

第二节 研究设计

一、样本选择与数据来源

（一）样本的选取

由于2012年中国证监会发布的《信息披露准则——年报内容与格式》确定了年报"管理层讨论与分析"文本披露的内容，此后关于年报管理层讨论与分析文本的规范在此基础上没有太大改动。文本以2013—2019年作为研究期间。由于ST公司和金融公司的财务处理与其他上市公司有很大差别，本研究遵循研究惯例，剔除了ST公司及金融公司。

借鉴梁上坤等（2019）及张雪梅、陈娇娇（2020）的做法，本研究对独立董事联结的数据处理如下：首先从CSMAR数据库"董监高个人特征文件"中获得A股非ST、非金融上市公司的公司名单和董事会成员名单，并从中筛选出独立董事名称；然后根据网站提供的独立董事人员唯一ID，识别出有兼任的独立董事。最后根据上市公司独立董事的任职信息，利用stata配对出因为相同独董任职而联结的公司对。对于独立董事兼任超过两家公司的情形，如独立董事a在A、B、C三家公司兼任独立董事，根据同一个独立董事ID两两配对，配出的结果是A—B、A—C、B—C、B—A、C—A、C—B，对于同一对样本重复出现的情况，将重复的样本对进行删除，最后保留下A—B、A—C、B—C三对样本对。

借鉴陈运森和郑登津（2017）、周晓苏等（2017）的方法，采用对偶模型计算独立董事联结与公司间年报"管理层讨论与分析"文本相似度的关系。由于不同行业在产业政策、税收优惠、经营活动等方面存在较大差异，而同行业的公司之间面临的外部环境较为一致，因此，本研究首先将A股非ST、非金融公司根据行业进行两两配对，形成公司对，并且剔除重复配对的样本。计算公司对之间年报"管理层讨论与分析"文本的相似程度，然后将公司对与独立董事联结对进行匹配，计算配对公司是否存在独立董事联结，进而考察是否存在独立董事联结的公司年报"管理层讨论与分析"文本相似度更高。

(二) 数据来源与处理

本研究的财务数据全部来自 CSMAR 数据库,年报"管理层讨论与分析"文本内容数据来自 CNRDS 数据库,对于不完整的年报"管理层讨论与分析"内容,通过查询新浪财经网站或者巨潮资讯网站上的上市公司年报来进行补充;若数据仍然缺失,则对该财务数据进行剔除。本研究使用了 Python3.7 软件、Stata15.0 软件及 UCINET6.19,Python3.7 软件主要用于进行非财务数据的处理和计算,Stata15.0 软件主要用于进行描述性统计、相关性检验及回归分析,UCINET6.19 主要用于对回归结果进行非参数检验。对所有数据进行了 1% 水平上的 winsor 处理。

二、模型设计

为了检验假设 6-1,Johnston and Zhang(2018),De Franco et al.(2020),以及陈运森、郑登津(2017)的研究,采用对偶模型,构建模型 6.1。

$$Text\_Sim_{i,j,t} = \alpha_0 + \alpha_1 Same\_Indep_{i,j,t} + \alpha_2 D\_Size_{i,j,t} + \alpha_3 D\_Roa_{i,j,t}$$
$$+ \alpha_4 D\_Lev_{i,j,t} + \alpha_5 D\_Mtb_{i,j,t} + \alpha_6 D\_Age_{i,j,t} + \alpha_7 D\_CFO_{i,j,t}$$
$$+ \alpha_8 D\_Boardsize_{i,j,t} + \alpha_9 D\_Share1_{i,j,t} + \alpha_{10} D\_IC_{i,j,t}$$
$$+ \sum Ind + \sum Year + \varepsilon_{i,j,t}$$

(模型 6-1)

为了检验假设 6-2,根据独立董事的背景,将具有财务、金融背景的独立董事视为具有财务背景,设置为 1,否则为 0。将独立董事财务背景(Same_Indep_Fina)加入模型 6-1 中,得到模型 6-2,进行回归分析。如果模型 6-2 中的系数显著,那么假设 6-2 得到验证。

$$Text\_Sim_{i,j,t} = \alpha_0 + \alpha_1 Same\_Indep\_Fina_{i,j,t} + \alpha_2 D\_Size_{i,j,t}$$
$$+ \alpha_3 D\_Roa_{i,j,t} + \alpha_4 D\_Lev_{i,j,t} + \alpha_5 D\_Mtb_{i,j,t} + \alpha_6 D\_Age_{i,j,t}$$
$$+ \alpha_7 D\_CFO_{i,j,t} + \alpha_8 D\_Boardsize_{i,j,t} + \alpha_9 D\_Share1_{i,j,t}$$

$$+\alpha_{10}D\_IC_{i,j,t}+\sum Ind+\sum Year+\varepsilon_{i,j,t}$$

(模型 6-2)

为了检验假设 6-3,将根据独立董事兼任网络计算的独立董事网络中心度($Same\_Indep\_Degree$)代入模型 6-1,得到模型 6-3,进行回归分析。如果模型 6-3 中的系数 α_1 显著,那么假设 6-3 得到验证。

$$Text\_Sim_{i,j,t} = \alpha_0 + \alpha_1 Same\_Indep\_Degree_{i,j,t} + \alpha_2 D\_Size_{i,j,t}$$
$$+\alpha_3 D\_Roa_{i,j,t}+\alpha_4 D\_Lev_{i,j,t}+\alpha_5 D\_Mtb_{i,j,t}+\alpha_6 D\_Age_{i,j,t}$$
$$+\alpha_7 D\_CFO_{i,j,t}+\alpha_8 D\_Boardsize_{i,j,t}+\alpha_9 D\_Share1_{i,j,t}$$
$$+\alpha_{10}D\_IC_{i,j,t}+\sum Ind+\sum Year+\varepsilon_{i,j,t}$$

(模型 6-3)

三、变量设计

(一) 被解释变量

本章的被解释变量,即年报"管理层讨论与分析"文本相似度($Text\_Sim_{i,j,t}$),表示同行业的任意一对公司之间的年报"管理层讨论与分析"文本相似度。借鉴 De Franco et al. (2020)、李莎等(2019)的做法,年报"管理层讨论与分析"文本相似度的计算步骤如下:首先,利用 Python3.7 软件中的 jieba 分词工具,对年度"管理层讨论与分析"的文本进行分析,并提取关键词。其次,利用 Python 开源工具 words2vec,将提取的关键词整理成词向量,如果某公司年报"管理层讨论与分析"文本中包含 n 个关键词,则该文本对应一个 n×1 维的词向量。最后,将同行业公司对之间的词向量进行比较,利用模型 6-4 计算向量夹角余弦值,即年报"管理层讨论与分析"文本相似程度。

$$Text\_Sim_{i,j,t} = \cos\theta = (vector_{i,t} \times vector_{j,t})/\|vector_{i,t}\|\times\|vector_{i,t}\|$$

(模型 6-4)

其中,θ 是两个词向量的夹角,$vector_{i,t}$ 和 $vector_{j,t}$ 分别是在公司 i 和公司 j 的年报"管理层讨论与分析"文本中提取的关键词对应的词向量,

$Text\_Sim_{i,j,t}$ 的值越大，夹角 θ 越小，表示两份文本之间的相似度越高。

为了保证结论的稳健性，本研究还采用了 $Jaccard$ 相似性，计算年报"管理层讨论与分析"文本之间的相似程度，如模型 6-5。

$$Text\_Sim_{i,j,t} = Jaccard = N_{i,j,t}/(N_{i,t} + N_{j,t} - N_{i,j,t})$$

（模型 6-5）

$N_{i,j,t}$ 表示公司 i 与公司 j 之间共有的关键词数，$N_{i,t}$ 表示公司 i 的全部关键词数（包含与公司 j 共有的关键词数），$N_{j,t}$ 表示公司 j 的全部关键词数（包含与公司 i 共有的关键词数）。$Jaccard$ 相似性，简单来说，就是用两个文本交集的关键词数除以两个文本并集的关键词数。因此，该值越大，表示两个文本相同的关键词数越多，文本越相似。本研究用 $Jaccard$ 相似性作为稳健性检验。

（二）解释变量

第一个解释变量为同行业是否存在独立董事联结哑变量（$Same\_Indep$），如果第 t 年同行业公司 i 与公司 j 之间有同一个独立董事兼任，则 $Same\_Indep_{i,j,t}$ 取值为 1，否则为 0。

第二个解释变量为独立董事财务背景，根据独立董事的背景，将具有财务、金融背景的独立董事视为具有财务背景，设置为 1，否则为 0。

第三个解释变量为独立董事网络中心度。根据上市公司独立董事的任职信息，建立"企业—独立董事"2 模矩阵，该矩阵能够体现出每一位独立董事所任职的具体公司，利用 UCINET 大型社会网络分析软件将此 2 模矩阵转换成"独立董事—独立董事"的 1 模矩阵，该矩阵揭示了因任职联结而形成的独立董事网络关系。独立董事的网络中心度可以利用程度中心度（$Same\_Indep\_Degree$）指标来衡量，如模型 6-6。

$$Same\_Indep\_Degree_i = \frac{\sum_j X_{ji}}{g-1}$$

（模型 6-6）

i 为某个独立董事，j 为当年上市公司除了 i 的其他独立董事，X_{ji} 为一个网络联结关系，如果独立董事 i 与独立董事 j 至少在一个公司董事会任职则为1,否则为0。g 为上市公司当年担任独立董事的总人数,(g-1)消除规模差异。

(三) 控制变量

借鉴 Francis et al. (2014)对年报"管理层讨论与分析"文本相似性的研究,以及周晓苏等(2017)对联结公司之间会计信息相似性的研究,本研究控制了其他可能影响年报"管理层讨论与分析"文本相似性的变量,包括公司规模差异(D_Size)、资产回报率差异(D_Roa)、资产负债率差异(D_Lev)、账面市值比差异(D_Mtb)、公司年龄差异(D_Age)、经营现金流差异(D_CFO)、董事会规模差异($D\_Boardsize$)、股权集中度差异(D_Share1)、内部控制质量差异(D_IC)、两职兼任($Dual$)、国有企业(Soe)、经营风险差异(D_Risk),以及年份($Year$)和行业(Ind)哑变量。

本研究涉及的模型变量如表 6-1 所示。

表 6-1 模型变量定义

	变量标识	变量名称	变量计算
被解释变量	$Text\_Sim$	年报"管理层讨论与分析"文本相似度	采用(模型6-4)计算的文本向量余弦夹角值。该值越大,表示文本相似度越高
解释变量	$Same\_Indep$	独立董事联结	虚拟变量,如果 t 年同行业公司 i 与公司 j 有相同的独立董事兼任,取值为 1,否则为 0
	$Same\_Indep\_Fina$	独立董事财务背景	根据独立董事的背景,将公司 i 与公司 j 中的独立董事均具有财务、金融背景视为联结独立董事具有财务背景,设置为 1;若公司 i 与公司 j 中任一公司的独立董事不具有财务、金融背景,则处理为缺失值;若公司 i 与公司 j 中的独立董事都不具有财务、金融背景,则为 0
	$Same\_Indep\_Degree$	独立董事网络中心度	利用社会网络分析软件 UCINET6.19,根据模型 6-6 计算得到独立董事所在的网络中心度
控制变量	D_Size	公司规模差异	t 年末配对公司 i 与公司 j 规模差异的绝对值,并进行对数处理
	D_Roa	资产回报率差异	t 年末配对公司 i 与公司 j 资产回报率差异的绝对值,并进行对数处理

续表

变量标识	变量名称	变量计算
D_Lev	资产负债率差异	t 年末配对公司 i 与公司 j 资产负债率差异的绝对值,并进行对数处理
D_Age	公司年龄差异	t 年末配对公司 i 与公司 j 年龄差异的绝对值,并进行对数处理。公司年龄采用企业成立年份与统计年份之差
D_CFO	经营现金流差异	t 年末配对公司 i 与公司 j 经过期初资产调整后的经营活动现金流量净额差异的绝对值,并进行对数处理
D_Mtb	账面市值比差异	t 年末配对公司 i 与公司 j 账面市值比差异的绝对值,并进行对数处理
$D\_Boardsize$	董事会规模差异	t 年末配对公司 i 与公司 j 董事会规模差异的绝对值,并进行对数处理。董事会规模采用董事会人数的对数值
D_Share1	股权集中度差异	t 年末配对公司 i 与公司 j 股权集中度差异的绝对值,并进行对数处理。股权集中度采用第一大股东持股比例计算
D_IC	内部控制质量差异	t 年末配对公司 i 与公司 j 内部控制质量差异的绝对值,并进行对数处理。内部控制质量采用迪博内部控制指数进行计算
Ind	行业	行业虚拟变量
$Year$	年份	年度虚拟变量

第三节 研究结果与分析

一、描述性统计

主要变量的描述性统计如表 6-2 所示。从表 6-2 的结果可以看出,同行业配对公司间的年报"管理层讨论与分析"文本相似度均值为 0.444,中位数为 0.440,最小值为 0.000,最大值为 0.940,说明同行业公司对之间的年报"管理层讨论与分析"文本相似度差异较大,平均而言,同行业公司对之间的年报"管理层讨论与分析"内容的相似度低于 45%,超过一半的公司对年报"管理层讨论与分析"文本之间的相似度低于45%。主要解释变量 $Same\_Indep$ 的均值为0.002，中位数为0，最小值为0，最大值为1，说明独立董事联结关系在公司的社会网络关系中还是较为稀缺的资源。

表6-2　描述性统计

变量	样本	均值	中位数	最小值	最大值	标准差
$Text\_Sim$	3 418 577	0.444	0.440	0.000	0.940	0.137
$Same\_Indep$	3 418 577	0.002	0.000	0.000	1.000	0.043
$Same\_Indep\_Fina$	1 720 414	0.505	1.000	0.000	1.000	0.500
$Same\_Indep\_Degree$	3 418 577	0.000	0.000	0.000	0.493	0.004
D_Size	3 418 577	0.749	0.727	0.000	2.379	0.431
D_Roa	3 418 577	0.048	0.034	0.000	4.695	0.057
D_Lev	3 418 577	0.183	0.166	0.000	0.971	0.123
D_Age	3 418 577	1.663	1.792	0.000	3.829	0.745
D_CFO	3 418 577	0.065	0.053	0.000	2.435	0.054
D_Mtb	3 418 577	0.207	0.186	0.000	2.007	0.142
$D\_Boardsize$	3 418 577	0.152	0.167	0.000	1.359	0.136
D_Share1	3 418 577	2.514	2.660	0.000	4.454	0.875
D_IC	3 418 577	3.927	4.039	0.000	6.848	1.172

二、组间均值差异检验

本研究检验了存在独立董事联结的公司对与非独立董事联结公司对之间，在年报"管理层讨论与分析"文本相似度及公司特征之间的均值差异，结果如表6-3所示。从表6-3可以看出，存在独立董事联结的公司对之间的年报"管理层讨论与分析"文本相似度要显著高于非独立董事联结的公司对。在公司特征层面，存在独立董事联结的公司对之间在公司规模、资产回报率、资产负债率、公司年龄、经营现金流、账面市值比、股权集中度等方面的差异要显著低于非独立董事联结公司对，内部控制质量差异在两组之间不明显。

表6-3　　　　　　　　　　组间均值差异检验

变量	非联结组	组内均值	联结组	组内均值	组间均值差异
$Text\_Sim$	3 412 366	0.444	6 211	0.476	−0.032***
D_Size	3 412 366	0.749	6 211	0.695	0.054***
D_Roa	3 412 366	0.048	6 211	0.046	0.002**
D_Lev	3 412 366	0.183	6 211	0.171	0.012***
D_Age	3 412 366	1.663	6 211	1.617	0.046***
D_CFO	3 412 366	0.065	6 211	0.064	0.001*
D_Mtb	3 412 366	0.207	6 211	0.192	0.015***
$D\_Boardsize$	3 412 366	0.153	6 211	0.150	0.002
D_Share1	3 412 366	2.514	6 211	2.480	0.034***
D_IC	3 412 366	3.927	6 211	3.908	0.019

三、实证分析

由表6-4第(1)列可以看出，独立董事联结与年报"管理层讨论与分析"文本相似度之间的系数为0.026，具有1%水平上的显著性。这说明在控制了公司经营变量、公司治理变量等潜在影响年报"管理层讨论与分析"文本相似度的特征之后，独立董事联结会增加年报"管理层讨论与分析"文本的相似度。年报"管理层讨论与分析"内容是对财务数据的补充和说明，不仅需要专业的知识，还要对行业发展、公司所处阶段、公司战略等有一定的掌握。通过与其他公司建立独立董事联结，上市公司能够获得企业信息披露策略的私有信息，进而在年报中讨论公司情况，尤其是行业发展前景、公司发展战略等未来信息的时候，会与联结公司产生相似性。假设6-1得到检验。

表6-4　　　　　　　　　　回归结果1

	(1) $Text\_Sim$
$Same\_Indep$	0.026***
	(15.16)

续表

	(1) Text_Sim
D_Size	−0.026***
	(−141.84)
D_Roa	0.016***
	(11.71)
D_Lev	−0.003***
	(−5.25)
D_Age	−0.002***
	(−24.59)
D_CFO	−0.013***
	(−9.68)
D_Mtb	−0.025***
	(−45.99)
D_Boardsize	0.006***
	(10.88)
D_Share1	−0.001***
	(−14.83)
D_IC	−0.004***
	(−62.45)
_cons	0.482***
	(186.46)
Ind	Yes
Year	Yes
N	3 418 577
Adj_R^2	0.058

注：＊＊＊表示1%水平上显著相关；＊＊表示5%水平上显著相关；＊表示10%水平上显著相关；括号内为T值。

控制变量的结果显示，年报"管理层讨论与分析"文本相似度与公司基本面的差异呈现负相关关系，公司规模、资产负债率、公司年龄、经营现金流、账面市值比、股权集中度、内部控制质量差异越小，年报"管理层讨论与分析"文本相似度越高。而资产回报率差异、董事会规模差异越大，年报"管理层讨论与分析"文本相似度越大，可能的原因是，上市公司存在印象管理的行为，资产回报率低的公司会模仿资产回报率高的公司的年报"管理层讨论与分析"文本，使得年报"管理层讨论与分析"文本呈现出相似性。

具有财务背景被视为独立董事在财务信息方面具有重要的能力,因此在年报"管理层讨论与分析"文本中也具有非常重要的作用。独立董事专业背景不同,在公司中具有不同的作用。在独立董事众多不同的背景中,财务与金融背景与财务知识相关性更高(如果独立董事具有财务或者金融背景,则 $Same\_Indep\_Fina$ 取值为 1,否则为 0)。模型 6-2 的回归结果如表 6-5 所示。从表 6-5 可以看出,相比于非财务背景的独立董事联结的公司对,财务背景的独立董事联结的公司对之间年报"管理层讨论与分析"文本相似度更高,系数为 0.05,具有 1% 水平上的显著性。假设 6-2 得到验证。

表 6-5　　　　　　　　　　回归结果 2

	(1) $Text\_Sim$
$Same\_Indep\_Fina$	0.005***
	(25.70)
D_Size	−0.027***
	(−103.20)
D_Roa	0.014***
	(7.67)
D_Lev	−0.003***
	(−3.89)
D_Age	−0.002***
	(−17.60)
D_CFO	−0.010***
	(−4.97)
D_Mtb	−0.025***
	(−32.31)
$D\_Boardsize$	0.006***
	(7.53)
D_Share1	−0.001***
	(−10.04)
D_IC	−0.004***
	(−46.28)
$\_cons$	0.478***
	(131.97)
Ind	Yes
Year	Yes

续表

	(1) Text_Sim
N	1 720 414
Adj_R^2	0.059

注：*** 表示 1% 水平上显著相关；** 表示 5% 水平上显著相关；* 表示 10% 水平上显著相关；括号内为 T 值。

独立董事网络中心度能给公司带来异质性信息，是提供咨询职能的重要途径。在考察独立董事联结的信息效应中，本研究加入独立董事网络中心度，考察独立董事的网络位置对公司年报"管理层讨论与分析"文本相似度的影响。与以往在单一公司层面考察独立董事的咨询职能不同，本研究从兼任公司的网络位置判断独立董事的信息优势。采用社会网络分析软件，计算出独立董事的网络中心度，将其带入模型中，回归结果如表6-6所示。从表6-6可以看出，联结公司对之间的独立董事网络中心度与年报"管理层讨论与分析"文本相似度的系数为0.196，显著性水平1%，可以看出，独立董事越位于中心位置，联结公司对之间的年报"管理层讨论与分析"文本相似度越高，这说明独立董事网络能够增强公司对之间的年报"管理层讨论与分析"文本相似度。所以，位于网络中心位置的独立董事能够传递异质性信息，打破公司之间的藩篱，促进年报"管理层讨论与分析"文本内容的模仿效应，从而提升年报"管理层讨论与分析"文本相似度。

表 6-6　　　　回归结果 3

	(1) Text_Sim
Same_Indep_Degree	0.196***
	(12.23)
D_Size	−0.026***
	(−141.86)
D_Roa	0.015***
	(11.71)
D_Lev	−0.003***
	(−5.26)
D_Age	−0.002***

续表

	(1) Text_Sim
	(−24.59)
D_CFO	−0.014***
	(−9.69)
D_Mtb	−0.025***
	(−46.01)
D_Boardsize	0.006***
	(10.88)
D_Share1	−0.001***
	(−14.84)
D_IC	−0.004***
	(−62.45)
_cons	0.482***
	(186.46)
Ind	Yes
Year	Yes
N	3 418 577
Adj_R^2	0.058

注：***表示1%水平上显著相关；**表示5%水平上显著相关；*表示10%水平上显著相关；括号内为T值。

第四节 进一步分析：模仿内容的选择

年报"管理层讨论与分析"部分包含"对主要经营情况进行回顾"和"对未来发展进行展望"两部分。"对主要经营情况进行回顾"侧重于配合财务报表对公司过去的经营情况进行解释说明，"对未来发展进行展望"则着眼于未来，尤其是外部环境变化对公司未来经营情况可能产生的影响，帮助投资者站在管理层角度审视公司所处的经营环境，准确预估公司未来的业绩，并规避可能面临的风险。Cole and Jones(2004)研究发现，年报"管理层讨论与分析"部分披露的信息有助于投资者预测企业未来的业绩。Bryan(1997)认为，年报"管理层讨论与分析"部分披露的信息具有重要的信息揭示作用，会对企业股票价格产生影响。

2012年及以后修订的《信息披露准则——年报内容与格式》从内容上，对"对主要经营情况进行回顾"和"对未来发展进行展望"部分提出了详细的要求。比如，2005年修订版中，要求"对主要经营情况进行回顾"部分应"概述公司报告期内总体经营情况，列示公司主营业务收入、主营业务利润、净利润的同比变动情况，说明引起变动的主要因素"。2012年修订版中，在这一句话的基础上，对收入、成本、费用、研发支出、现金流等项目进行了丰富，界定了各项目的构成情况及变化范围。总体而言，"对主要经营情况进行回顾"部分要涵盖上市公司报告期间内的经营情况、盈利情况、资金来源情况、投资情况、控股情况等。显然，这部分信息与公司过去的经营状况有很强的相关性，是对财务信息的补充，对这部分信息披露的不确定性较小，导致模仿的可能性较低。

《信息披露准则——年报内容与格式》要求上市公司不仅要披露经营情况的信息，还要披露对未来发展情况有影响的信息，方便投资者做出投资决策。从内容来看，"对未来发展进行展望"部分的信息包括公司所处行业的竞争格局和发展趋势、公司个体的发展战略和经营计划，以及公司可能面临的风险等信息，更多地体现为预测性信息。虽然"对未来发展进行展望"部分的信息能够帮助投资者对公司未来的发展情况形成清晰而全面的认知，规避未来可能面临的风险，合理预测公司未来的经营业绩和股票价格，但上市公司处于不断变化的内外部环境中，较之于对过去的总结，对未来的展望具有更大的不确定性，在上市公司信息披露决策中，更容易通过独立董事联结传递的信息进行模仿。

本研究从年报"管理层讨论与分析"文本中提取出"对未来发展进行展望"部分的文字内容，利用前述Python3.7软件，将文字内容整理成文字向量，并计算同行业公司对之间年报"管理层讨论与分析"文本向量的余弦值，作为年报"对未来发展进行展望"部分的文本相似度。由于部分上市公司的年报尚未披露"对未来发展进行展望"部分，或者披露内容不规范，没有将内容进行完全区分，以缺失值代替，因此这部分内容相似度的样本量会少于全部内容相似度的样本量。由于年报"管理层讨论与分析"部分只包含"对主要经营情况进行回顾"及"对未来发展进行展望"两部分，因此，对"对主要经营情况进行回顾"部分的相似度的计算，直接采用全部文本相似度减去"对未来发展进行展望"部分文本相似度的做法。将两部分内容文本相似度带入原模型中,计算结果如表 6-7 所示。

从表 6-7 第(1)列的结果可以看出,独立董事联结与"对未来发展进行展望"部分文本相似度的系数为 0.028,具有 1% 水平上的相关性。表 6-7 第(2)列的结果显示,独立董事联结与"对主要经营情况进行回顾"部分的文本相似度的系数为 -0.002,不具有统计意义上的显著相关性。这说明独立董事联结对年报历史信息文本的相似度影响不大。可以说明,独立董事联结引起的年报"管理层讨论与分析"文本内容模仿,更大程度上是模仿"对未来发展进行展望"这类不确定性更大、投资者关注度较高,且更需要管理层战略眼光的信息。

表 6-7 进一步分析:模仿内容的选择

	(1) Fut_Text_Sim	(2) Pre_Text_Sim
Same_Indep	0.028***	-0.002
	(13.75)	(-1.49)
D_Size	-0.036***	0.012***
	(-162.53)	(67.47)
D_Roa	0.040***	-0.026***
	(25.04)	(-20.47)
D_Lev	-0.010***	0.007***
	(-13.08)	(11.95)
D_Age	-0.014***	0.012***
	(-121.79)	(126.08)
D_CFO	-0.051***	0.034***
	(-30.42)	(25.03)
D_Mtb	-0.071***	0.046***
	(-110.22)	(89.05)
D_Boardsize	0.003***	0.004***
	(3.99)	(8.24)
D_Share1	0.000***	-0.002***
	(3.47)	(-19.57)
D_IC	-0.008***	0.004***
	(-109.67)	(73.22)

续表

	(1) Fut_Text_Sim	(2) Pre_Text_Sim
_cons	0.484***	−0.003
	(156.35)	(−1.28)
Ind	Yes	Yes
Year	Yes	Yes
N	3 376 631	3 376 631
Adj_R²	0.050	0.023

注：＊＊＊表示1%水平上显著相关；＊＊表示5%水平上显著相关；＊表示10%水平上显著相关；括号内为T值。

第五节 稳健性检验

一、替换被解释变量

为了控制可能的测量误差对前述结论的干扰，借鉴已有研究，本研究以杰卡得相似度（Jaccard Similarity）作为联结公司之间相似程度的测量指标，展开稳健性检验。前文主要考察独立董事联结对年报"管理层讨论与分析"文本余弦相似度的影响，余弦相似度主要是通过计算向量夹角的余弦值来考察文本向量之间的相似度。为了避免产生测量误差，本研究采用另一种常见的相似度计算方法，即杰卡得相似度，来对前述结论进行检验。杰卡得相似度主要是计算两个文本之间的交集与两个文本之间的并集的比值，直观地反映相同的文本所占的比重。表6-8所示为杰卡得相似度的回归结果，$Same\_Indep$ 与杰卡得相似度的系数为0.008，具有1%水平上的显著相关性。其他控制变量的系数也与原结论高度一致。这验证了本研究的结论，即独立董事联会引发年报"管理层讨论与分析"文本内容的模仿效应，从而使年报"管理层讨论与分析"文本高度相似。

表 6-8　　稳健性检验：替换被解释变量

	(1) Jaccard Similarity
Same_Indep	0.008***
	(21.20)
D_Size	−0.008***
	(−196.53)
D_Roa	−0.013***
	(−43.36)
D_Lev	−0.007***
	(−47.84)
D_Age	−0.001***
	(−39.92)
D_CFO	−0.016***
	(−49.58)
D_Mtb	−0.010***
	(−85.56)
D_Boardsize	−0.001***
	(−7.20)
D_Share1	−0.001***
	(−30.32)
D_IC	−0.001***
	(−98.20)
_cons	0.275***
	(470.90)
Ind	Yes
Year	Yes
N	3 418 577
Adj_R^2	0.249

注：*** 表示 1% 水平上显著相关；** 表示 5% 水平上显著相关；* 表示 10% 水平上显著相关；括号内为 T 值。

二、公司之间其他信息渠道的影响

如果公司之间的年报"管理层讨论与分析"文本相似性来自独立董事联结而非其他信息渠道，那么在联结关系建立之前或者联结关系断裂之后，公司之间的年报"管理层讨论与分析"文本相似性会减弱甚至消失。为了排除独立董事联结引发的年报"管理层讨论与分析"文本内容的模仿效应是受到其他信息渠道的干扰,本研究构建了联结关系建立前及联结关系断裂的外生冲击,检验独立董事联结关系建立之前或者解除之后联结公司之间的年报"管理层讨论与分析"文本相似性,见模型6-7和模型6-8。

$$Text\_Sim_{i,j,t} = \alpha_0 + \alpha_1 Before\_Link_{i,j,t} + \alpha_2 D\_Size_{i,j,t}$$
$$+ \alpha_3 D\_Roa_{i,j,t} + \alpha_4 D\_Lev_{i,j,t} + \alpha_5 D\_Mtb_{i,j,t} + \alpha_6 D\_Age_{i,j,t}$$
$$+ \alpha_7 D\_CFO_{i,j,t} + \alpha_8 D\_Boardsize_{i,j,t} + \alpha_9 D\_Share1_{i,j,t}$$
$$+ \alpha_{10} D\_IC_{i,j,t} + \sum Ind + \sum Year + \varepsilon_{i,j,t}$$

(模型6-7)

$$Text\_Sim_{i,j,t} = \alpha_0 + \alpha_1 After\_Link_{i,j,t} + \alpha_2 D\_Size_{i,j,t}$$
$$+ \alpha_3 D\_Roa_{i,j,t} + \alpha_4 D\_Lev_{i,j,t} + \alpha_5 D\_Mtb_{i,j,t} + \alpha_6 D\_Age_{i,j,t}$$
$$+ \alpha_7 D\_CFO_{i,j,t} + \alpha_8 D\_Boardsize_{i,j,t} + \alpha_9 D\_Share1_{i,j,t}$$
$$+ \alpha_{10} D\_IC_{i,j,t} + \sum Ind + \sum Year + \varepsilon_{i,j,t}$$

(模型6-8)

以2013—2019年同一行业中存在独立董事联结的公司作为研究样本,对于缺失数据的年份,将数据补齐。例如,公司A和公司B在2017年存在独立董事联结,样本中只有2017年公司A—B联结的数据,为了找到联结关系建立之前和断裂之后的样本,利用Stata将缺失的年份数据补齐。2013—2016年公司A—B并未建立联结,于是$Before\_Link$取值为1,而2017年建立了联结,$Before\_Link$取值为0。2019年联结关系断裂,$After\_Link$也取值为0;类似地,2018年联结关系断裂,则$After\_Link$取值为1,而联结关系断裂之前的样本取值为0。回归结果如表6-9所示。从表6-9第(1)列可以看出,在独立董事联结关系建立之前,两公司的年报"管理层讨论与分析"文本呈现出一定程度的相似性,具体来看,系数为0.011,具有5%水平上的显著相关性。虽然公司对的年报"管理层讨论与分析"文本在独立董事联结建立之前就有一定程度的相似性,但系数和显著相关性均低于独立董事联结关系建立后带来的年报"管理层讨论与分析"文本相似性(系数为0.026,显著相关性为1%)。这说明独立董事联结关系增强了二者年报"管理层讨论与分析"文本之间的相似性。从表6-9第(2)列可以看出,独立董事联结关系断裂后公司对年报"管理层讨论与分析"文本相似度的系数为－0.020，具有1%水平上的显著相关性。这说明独立董事联结关系断裂之后，公司对之间年报"管理层讨论与分析"文本相似度显著降低。以上结论均说明，独立董事联结公司之间年报"管理层讨论与分析"文本相似是独立董事联结产生的影响，而非其他信息渠道的影响。

表 6-9　　　　　　　　　剔除其他联结渠道的影响

	(1) Text_Sim	(2) Text_Sim
Before_Link	0.011** (2.48)	
After_Link		－0.020*** (－6.14)
D_Size	－0.021*** (－4.92)	－0.020*** (－4.87)
D_Roa	0.001 (0.03)	0.001 (0.02)
D_Lev	－0.026** (－2.01)	－0.026** (－1.99)
D_Age	0.004* (1.86)	0.003 (1.60)
D_CFO	0.013 (0.43)	0.011 (0.37)
D_Mtb	－0.050*** (－4.41)	－0.049*** (－4.33)
D_Boardsize	0.005 (0.47)	0.006 (0.53)
D_Share1	－0.004** (－2.23)	－0.004** (－2.40)
D_IC	－0.004*** (－3.12)	－0.004*** (－3.15)
_cons	0.489*** (9.95)	0.500*** (10.19)
N	8339	8339
Adj_R^2	0.081	0.085

注：***表示1%水平上显著相关；**表示5%水平上显著相关；*表示10%水平上显著相关；括号内为T值。

三、企业集团的影响

如果存在独立董事联结的公司同属于一个企业集团,则二者产生年报"管理层讨论与分析"文本相似的结果很有可能是因为同一个企业集团采用相似的披露模板,而不是独立董事联结信息传递的结果,即独立董事联结对年报"管理层讨论与分析"文本相似性的影响存在替代性解释。为了避免企业集团对结论产生干扰,本研究剔除了样本中被同一个第一大股东持股的公司对,重新对模型6-1进行回归分析。从表6-10的结果不难看出,剔除了被同一个第一大股东控制的公司对之后,独立董事联结与年报"管理层讨论与分析"文本相似度之间的系数为0.027,在1%的水平上具有统计意义上的显著相关性。这说明剔除企业集团的影响后,独立董事联结仍然能引发年报"管理层讨论与分析"文本的相似性,即独立董事联结公司之间的年报"管理层讨论与分析"文本相似性与独立董事这一信息渠道有关,而非受企业集团的影响。

表6-10　　　　　　　　　剔除企业集团的影响

	(1) $Text\_Sim$
$Same\_Indep$	0.027***
	(15.85)
D_Size	−0.025***
	(−137.45)
D_Roa	0.011***
	(8.39)
D_Lev	−0.004***
	(−6.30)
D_Age	−0.003***
	(−30.81)
D_CFO	−0.015***
	(−10.52)
D_Mtb	−0.022***
	(−39.89)
$D\_Boardsize$	0.005***

续表

	(1) Text_Sim
	(9.21)
D_Share1	−0.001***
	(−14.59)
D_IC	−0.003***
	(−56.44)
_cons	0.485***
	(187.88)
Ind	Yes
Year	Yes
N	3 418 091
Adj_R²	0.062

注：***表示1%水平上显著相关；**表示5%水平上显著相关；*表示10%水平上显著相关；括号内为T值。

四、相同地域的影响

由于地理上的联系，相同地域的公司间更容易建立合作关系，相互分享信息和资源，同一地区的上市公司之间可能存在着地域的关联。中国行政规划使得地方政府有分权，对制度环境的形成产生影响，使得相同地区的上市公司面临着相同的制度环境，遵守着相似的规则。因此，可能是因为相同地域的公司更容易聘任同一独立董事，而且，相同地域的公司信息披露的内容更可能具有相似性。为了防止遗漏变量产生的内生性问题，本研究在模型中加入相同省份（Sim_Pro）、相同地级市（Sim_City），两个控制变量，在控制住地域关联之后，再考察独立董事联结与年报"管理层讨论与分析"文本相似度之间的关系。从表6-11的结果来看，无论是控制住相同省份，还是相同地级市，独立董事联结与年报"管理层讨论与分析"文本的相似度都具有1%水平上的显著相关性，说明独立董事联结公司产生的年报"管理层讨论与分析"文本相似并非地域关联的影响，而是独立董事信息传递及规范性认知的影响。

表 6-11　控制地域关联的影响

	(1) Text_Sim	(2) Text_Sim
Same_Indep	0.022***	0.025***
	(9.49)	(12.91)
Sim_Pro	0.006*	
	(1.94)	
Sim_City		0.001
		(0.38)
D_Size	−0.026***	−0.026***
	(−141.89)	(−141.89)
D_Roa	0.016***	0.016***
	(12.52)	(12.52)
D_Lev	−0.003***	−0.003***
	(−4.96)	(−4.96)
D_Age	−0.002***	−0.002***
	(−24.78)	(−24.78)
D_CFO	−0.014***	−0.014***
	(−10.12)	(−10.12)
D_Mtb	−0.025***	−0.025***
	(−46.36)	(−46.36)
D_Boardsize	0.006***	0.006***
	(10.99)	(10.99)
D_Share1	−0.001***	−0.001***
	(−14.54)	(−14.54)
D_IC	−0.004***	−0.004***
	(−62.35)	(−62.35)
_cons	0.482***	0.482***
	(188.89)	(188.90)
Ind	Yes	Yes
Year	Yes	Yes
N	3 418 577	3 418 577
Adj_R^2	0.058	0.058

注：*** 表示 1% 水平上显著相关；** 表示 5% 水平上显著相关；* 表示 10% 水平上显著相关；括号内为 T 值。

五、共同经营范围的影响

本研究选择同行业存在独立董事联结的公司对作为研究对象,主要原因在于同行业公司的经营业务具有相似性,独立董事联结传递的信息对同行业公司的参考价值更大。但是,由于同行业公司经营业务相似,因而年报"管理层讨论与分析"披露的信息有可能是基于相似的经济业务而产生相似性,而不是独立董事联结传递的信息使其具有相似性。遗漏经营业务相似,会导致遗漏变量的内生性问题。为了确保研究结论的稳健性,本研究加入公司之间经营范围相似度($Sim\_Mainbus$)作为控制变量,考察独立董事联结与年报"管理层讨论与分析"文本内容之间的关系。笔者手工爬取了新浪财经网站披露的上市公司经营范围信息,按照行业进行两两配对,并调用Python3.7软件,计算同行业任意两公司之间经营范围的相似度(余弦相似度),得到经营范围相似度指标,将其带入模型6-1中。表6-12显示,在控制了上市公司之间的经营范围相似性之后,独立董事联结与年报"管理层讨论与分析"文本内容的相似度系数为0.023,仍然具有1%水平上的显著相关性,说明独立董事联结产生的信息渠道确实会引发年报"管理层讨论与分析"文本内容的模仿效应,并非经营业务相似所带来的。

表6-12 控制共同经营范围的影响

	(1) $Text\_Sim$
$Same\_Indep$	0.023***
	(14.17)
$Sim\_Mainbus$	0.059***
	(121.58)
D_Size	−0.025***
	(−136.40)
D_Roa	0.015***
	(11.25)
D_Lev	−0.001**
	(−2.37)
D_Age	−0.002***

续表

	(1) Text_Sim
D_CFO	(−24.95) −0.013***
D_Mtb	(−9.59) −0.023***
D_Boardsize	(−42.52) 0.005***
D_Share1	(9.41) −0.001***
D_IC	(−13.90) −0.004***
_cons	(−60.48) 0.472***
Ind	(185.29) Yes
Year	Yes
N	3 418 577
Adj_R^2	0.062

注：***表示1%水平上显著相关；**表示5%水平上显著相关；*表示10%水平上显著相关；括号内为T值。

六、互为因果的内生性问题

由于独立董事联结与年报"管理层讨论与分析"文本相似还存在另外一种解释，即年报"管理层讨论与分析"文本相似的公司可能会聘请相同的独立董事，即本研究存在互为因果的内生性问题。由于具有独立董事联结的公司与年报"管理层讨论与分析"文本相似的公司之间存在一定的同质性，不可避免地存在共线性问题，采用标准的统计程序可能会得出错误的标准差，因此笔者采用非参数检验，即QAP分析进行检验。通过计算矩阵之间的相关系数，以及将其中一个矩阵的行和列进行置换，再计算一次相关系数，然后重复计算程序得到一个相关系数分布，再看第一次计算的相关系数是落入这个系数分布的接受域还是拒绝域，进而做出判断。该方法能在随机状态下,考察两个矩阵之间的系数与显著性。

选择 2013—2019 年的样本作为研究样本,剔除金融类、ST 上市公司,通过如下方式得到"独立董事联结"关系矩阵及"股价联动"关系矩阵,关系矩阵都采用 N×N 方阵的形式表示。

变量定义如下。

(1)年报文本相似度($Pair\_Cos$),比较 2013—2019 年同行业任意两家公司年报"管理层讨论与分析"文本相似度与同行业、同年度公司年报"管理层讨论与分析"文本相似度之间的关系,如果该公司对的年报"管理层讨论与分析"文本相似度大于同行业、同年度公司年报"管理层讨论与分析"文本相似度的中位数,则 $Pair\_Cos$ 取值为 1,否则为 0。

(2)独立董事联结($Pair\_Link$),2013—2019 年同行业任意公司之间存在相同的独立董事,则 $Pair\_Link$ 取值为 1,否则为 0。

具体处理过程如下:第一步,将 Excel"公司—公司—相同独立董事"关系数据导入 UCINET 软件,保存为"公司—公司"一模矩阵(1-mode),即任职关系矩阵,矩阵元素包括 1 和 0 两种,1 表示公司之间存在独立董事联结关系,0 表示公司之间不存在独立董事联结关系,矩阵为 3 237 行×3 237 列的方阵,实际运算中有 3 237×3 236=10 474 932 个数据。第二步,将 Excel"公司—公司—年报'管理层讨论与分析'文本相似度"关系数据导入 UCINET 软件,保存为"公司—公司"一模矩阵(1-mode),即义本相似度矩阵,矩阵元素也包括 1 和 0,1 表示公司之间年报"管理层讨论与分析"文本存在较高的相似度,0 表示公司之间年报"管理层讨论与分析"文本存在较低的相似度,矩阵为 3 237 行×3 237 列的方阵,实际运算中有 3 237×3 236=10 474 932 个数据。第三步,使用 UCINET 软件中的 QAP 分析程序,分别导入股价联动矩阵与任职关系矩阵,进行 QAP 分析,得到表 6-13 所示的分析结果。

从表 6-13 可以看出,企业间独立董事联结的系数为正,并在 1% 的水平上具有统计意义上的显著性,说明独立董事联结关系确实对年报"管理层讨论与分析"文本相似度产生了影响,与前文结果一致。假设 6-1 得到验证。

表 6-13　　　　　　稳健性检验：QAP 回归分析结果

变量	非标准化系数	标准化系数	P 值
Constant	0.090429	0.000	—
Pair_Link	0.036114	0.036447	0.005
N	10 474 932	10 474 932	—
Adj_R^2	0.001	0.001	—

第六节　本章小结

年报"管理层讨论与分析"文本内容既要对过去经营情况进行总结,还要对未来的发展前景进行展望。尤其是未来发展展望这部分前瞻性信息,存在很大的不确定性。本章以 2013—2019 年沪深 A 股非金融、非 ST 上市公司作为研究样本,考察中国广泛存在的独立董事联结关系与年报"管理层讨论与分析"文本内容的模仿效应,试图揭示在同一独立董事联结的公司间年报"管理层讨论与分析"文本更为相似的现象,并为这一现象提供合理的解释。本章还进一步分析了独立董事异质性对年报"管理层讨论与分析"文本模仿效应的影响,并讨论了年报"管理层讨论与分析"文本模仿的内容选择,到底是与公司经营业绩相关的历史性信息更容易被模仿,还是与公司未来发展相关的前瞻性信息更容易模仿。经过实证检验,本章的主要结论如下。

（1）独立董事联结能够引发年报"管理层讨论与分析"文本的模仿效应。年报"管理层讨论与分析"文本既是对公司财务信息的补充说明,也是对公司所处行业背景、未来发展前景的描述。相比于历史信息,"对未来发展进行展望"部分具有不确定性,非常依赖管理层的战略眼光及专业经验。独立董事在兼任公司进行学习,提供联结公司的私有信息,而且独立董事在兼任公司的经验累积能够使其对年报"管理层讨论与分析"文本表述有一个规范性认知,使得目标公司对联结公司具有更高的认同感,倾向于参照联结公司的表述,产生模仿效应。

（2）独立董事的背景影响到独立董事的职业判断,在其他条件不变的情况下,有财务背景的独立董事对财务数据更加敏感,且更有可能进入董事会下设的审计委员会任职,通盘了解公司的整体信息,其提供的私有信息会更加有效,能够促进公司之间的模仿效应;独立董事网络位置也会对年报"管理层讨论与分析"文本的模仿产生影响。相比于本地独立董事所传递的本地公司信息,具有异地独立董事兼任的公司更愿意模仿异地公司的年报"管理层讨论与分析"文本。

(3)既然嵌入社会网络是公司应对外部环境不确定性的有效方式,那么社会网络中的公司会选择模仿"对主要经营情况进行回顾"这类历史信息,还是"对未来发展进行展望"这类不确定性更高的信息,成为重要的话题。笔者进一步依据中国年报"管理层讨论与分析"文本需要列示的两部分主要内容,考察独立董事联结引发的年报"管理层讨论与分析"文本模仿的内容选择,结果发现,独立董事联结公司之间更容易形成对"对未来发展进行展望"内容的模仿。

本章的结论表明,独立董事联结产生社会网络,公司会通过网络嵌入性模仿其他公司的年报"管理层讨论与分析"文本信息披露,以应对外部环境的不确定性,并通过网络学习获取对年报"管理层讨论与分析"文本内容的规范性认知,从而通过模仿行为获取年报"管理层讨论与分析"文本披露的合法性。独立董事不仅是公司嵌入社会网络的纽带,还是年报"管理层讨论与分析"文本内容有效性的监督者,在对年报"管理层讨论与分析"文本内容的规范问题上应当受到重视,使其发挥更加明显的作用。

第七章 独立董事联结与年报"管理层讨论与分析"文本语调的模仿效应

年度报告是上市公司向外界公布财务信息最主要的资料,随着投资者对公司信息需求的增加,年报中文字信息的价值受到广泛关注。计算机自然语言处理技术的发展,使得年报文本特征的定量研究成为可能,关于年报"管理层讨论与分析"文本特征的研究呈现出爆发式增长。年报的语言特征对公司短期市场(Davis et al., 2012; Feldman et al., 2010; Huang et al., 2014)、IPO抑价(Jegadeesh and Wu, 2013; Loughran and McDonald, 2013)、股价和交易量(Brochet et al., 2012)都会产生重要影响。总结下来,上市公司披露年报的文本特征包括可读性、正负面语调、语调离散度、语义复杂性等,而文本特征产生的经济后果主要集中于三个方面:(1)文本特征对预测公司基本面的作用;(2)文本特征对公司股价的影响;(3)文本特征对市场信息中介的影响。既然可以通过文本特征传递公司基本面信息,公司如何表述基本面信息就成为年报文本信息披露中重要的决策。

前述章节显示,年报"管理层讨论与分析"这部分内容是对经济事项的解释说明,反映了一定的会计逻辑,应该符合基本的社会范式。所以,年报"管理层讨论与分析""对主要经营情况进行回顾"部分的语言结构不仅是高管逐利的理性行为,还是在特定情境下的社会行为。现实中,独立董事兼任建立的任职网络是企业重要的社会网络。据卢昌崇和陈仕华(2009)研究,截至2007年中国A股市场平均每年有72.13%的上市公司有连锁董事,陈运森和郑登津(2017)统计了2003—2012年董事兼任现象,发现平均占比已经提升到83%。现实中存在如此高的董事兼任比例,已经对企业行为、企业财务信息产生深远影响。年报"管理层讨论与分析"信息披露的语言特征更像是一门表达艺术,不仅没有直接的规范性约束,甚至没有明确的主旨要求,是检验独立董事任职联结企业间模仿效应的理想场景。独立董事依据其他企业的年报"管理层讨论与分析"文本信息披露决策和对披露结果的认知,评估年报"管理层讨论与分析"语言特征带来的效果。独立董事联结能否引发公司间年报"管理层讨论与分析"文本特征的模仿效应,是笔者的研究问题。

本章选取 2013—2019 年在沪深证券交易所上市的 A 股非金融上市公司为样本,并剔除*ST 公司及数据无法补全的公司,考察独立董事联结与年报"管理层讨论与分析"文本语调之间的模仿效应。本章进一步分析了外部环境不确定是否会增强年报"管理层讨论与分析"文本语调的模仿效应,以及正式信息渠道与独立董事私有信息渠道之间的关系,还考察了年报未来导向、年报语调模糊性等其他年报"管理层讨论与分析"文本特征是否存在模仿效应。本研究对深入理解公司的年报"管理层讨论与分析"文本信息含量,增加对年报"管理层讨论与分析"文本特征的关注,具有重要的理论与实践意义。

第一节 理论分析与研究假设

一、独立董事联结与年报"管理层讨论与分析"文本语调的模仿效应

(一)年报"管理层讨论与分析"文本语调模仿效应的存在性
1. 年报"管理层讨论与分析"文本语调的不确定性

年报"管理层讨论与分析"文本语调的不确定性主要体现在两个方面。首先,年报"管理层讨论与分析"文本语调是基于文本信息所反映出的语言特征,是对公司面临的宏观、中观、微观信息的反映。在此披露框架下,语调的使用后果存在不确定性。年报"管理层讨论与分析"这部分内容是对经济事项的解释说明,反映了一定的会计逻辑,是一种去人格化的会计程序,有基本的社会范式和框架。高管在"管理层讨论与分析"部分的语言结构不仅是个体的理性行为,还是在特定情境下的社会行为。同行业企业的年报"管理层讨论与分析"文本语调为衡量企业的外部环境、行业竞争情况及企业经

营情况提供了一个参考标准,也是企业应当参考的规范性表述,会影响投资者对企业的预期,因而公司会通过年报"管理层讨论与分析"文本信息披露有选择地传递信息。

其次,语言表述很难有明确的监管要求,这使得年报"管理层讨论与分析"文本语调存在很大的选择空间,使用年报语调的动机存在不确定性。

一方面,积极语调向投资者传递了公司经营情况良好的信息,能够帮助投资者做出正确的投资决策。林乐、谢德仁(2016)对年度业绩说明会上的管理层语调与投资者的反应进行研究,发现投资者能够"意会"管理层在业绩说明会上传达的信息,对业绩说明会上的积极语调做出了正向反应,而对负面语调作出了负向反应,体现了业绩说明会在传递公司信息方面的价值。证券分析师的荐股行为也会借鉴管理层的语调传递出的信息。管理层净正面语调会提高证券分析师更新其荐股报告的可能性及更新人数占比,并会提高证券分析师荐股评级水平及其变动(林乐、谢德仁,2017)。另一方面,年报"管理层讨论与分析"文本的积极语调也可能是高管的自利行为。高管为了履行受托责任,有动力在年报"管理层讨论与分析"文本中发布对自身有利的解释。比如,高管可能利用语调管理,采用积极的词汇对经营不善的情况进行掩饰(Brockman et al., 2013; Huang et al., 2014; 曾庆生等,2018; 黄超、王敏,2019)。

2. 年报"管理层讨论与分析"文本积极语调的模仿效应

虽然同行业企业面临着相似的行业环境,但照搬同行业企业的"管理层讨论与分析"文本,旨在掩盖不同的经济事项,最后的结果也可能相差甚远。与公司会计政策选择、重要的财务决策或者未来发展战略等相关的信息是公司的私有信息,不会通过公司官网、证券交易所网站等公开信息披露渠道对外公布,只能够依靠隐蔽的"私下"交流来掌握真实的情况。只有通过有效的私有信息交流渠道,才能了解企业年报"管理层讨论与分析"文本语调背后的动机。上市公司有义务及时向独立董事汇报并与其沟通信息披露问题,这就加强了独立董事对公司的参与度,使其能深入了解信息披露决策的制定过程,掌握年报"管理层讨论与分析"文本信息披露语调反映基本经济事实的程度和方向,降低年报"管理层讨论与分析"语调的不确定性带来的成本。

专业人员在组织互动中促进知识和观念的传播,促进了组织间行为的趋同。独立董事大多具有专业背景和较高的受教育水平,其在不同上市公司任职,更可能带来公司间信息披露决策信息的传递和整合。年报"管理层讨论与分析"作为一种会计解释,是一种去人格化的会计程序,应该尊重既有事实并且符合一定的社会规范。联结公司年报"管理层讨论与分析"文本语调能够影响独立董事对年报经济事项讨论中使用的语调的判断,并对年报"管理层讨论与分析"文本语调带来的经济后果有一定的认知,通过任职联结将形成的规范性认知传递给目标公司。目标公司很可能参照联结公司的年报"管理层讨论与分析"语调,形成模仿效应。

基于以上分析,笔者提出假设 7-1:独立董事联结公司之间存在年报"管理层讨论与分析"语调模仿效应。

二、外部环境不确定性的影响

社会学习理论认为,组织的学习就是企业为适应环境的变化,维持自身的生存和发展,对其经营理念、认知模式和组织安排做出的一种适应性的调整行为(Huber, 1991)。在社会网络视角下,任何组织决策都是基于组织外部环境变化导致的预期收益的变动而产生的。组织为了适应环境的变化而通过社会学习降低变化的不确定性带来的影响。通常影响组织决策的外部环境往往与宏观经济政策有关,当这些外部环境存在高度不确定性的情况时,企业无法获取足够的信息来精确预测未来各种环境状态的概率(Baum et al., 2006)。

Lieberman and Asaba(2006)认为,决策环境的不确定性是导致模仿效应发生的主要动因。在面对外部环境的不确定性时,高管并非拥有完全信息的经济人,无法估计各种状态发生的概率,也缺乏行动与结果之间确切因果联系的相关信息,或者无法估计出所有可能的状态和结果(Milliken, 1987)。当高管在不确定情境下进行决策时,通过模仿外部参照物,降低方案形成、选择和评价过程中的不确定性,不失为一个有效的方法(Cyert and March, 1963)。制度理论在强调决策环境不确定时,强调组织满足制度要求的能力,即组织合法性,认为当企业面临行为后果的不确定性时,会通过模仿其他组织的行为来增加自身行为合法性。这一方面是由于"法不责众"的心理,企业会认为,即使该行为不规范甚至不合法,但当参与人数众多时,对其实施的惩戒往往没有一个人违反时受到的惩戒效力大；另一方面是政策的制定往往涉及多方面的考虑，在要求上没有那么细致，不同组织对法律的解读有所不同，模仿其他企业的行为能减少自身承担的风险。在外部环境存在不确定性的情况下，企业会产生高管减持的同伴效应（易志高等，2019）、内部控制缺陷披露行为模仿（李晓慧等，2019）及薪酬契约参照（梁上坤等，2019）等。

年报"管理层讨论与分析"文本表述既是对公司经营情况的总结，也包含了对公司未来发展的展望。作为年报的"核心和灵魂"，这部分内容提供了国际公认会计准则（GAAP）所要求的财务报表及附注所无法提供的信息，其讨论的信息与公司经营情况有更大的相关性，而且满足了投资者对信息前瞻性的要求（李常青和林晓丹，2009）。当外部环境不确定性增加时，首先公司的战略、经营计划势必会受到影响，从而无法提供准确的公司战略、经营计划信息。其次，行业的发展前景也会更加无法预测，还将导致公司的潜在风险增加，并且和其他财务决策一样，当外部环境不确定性增加时，高管的决策更倾向于模仿其他公司的做法，从而提供更加规范的信息。因此，外部环境的不确定性增加了独立董事联结公司之间年报"管理层讨论与分析"语调的模仿效应。

基于以上分析，笔者提出假设 7-2：在其他条件不变的情况下，外部环境不确定性会影响年报"管理层讨论与分析"语调的模仿效应，外部环境不确定程度越高，年报"管理层讨论与分析"语调的模仿效应越明显。

三、正式信息渠道的影响

证券分析师伴随着资本市场的发展而产生，负责收集和分析市场、行业及公司层面的信息。Jensen and Meckling（1976）的文章中已经提出，证券分析师作为资本市场信息中介，能够降低投资者与公司之间的信息不对称，降低委托代理问题下的代理成本。在证券市场中扮演信息中介角色的证券分析师，拥有分析上市公司信息的专业知识及技能，在宏观层面能够分析经济发展和行业政策对公司发展战略的影响，同时能够对上市公司的经营活动进行解读。证券分析师通过对上市公司具体情况的了解，向资本市场发布盈余预测和股票评级，这一信息成为投资者做出投资决策的重要参考依据，对缓解资本市场中的信息不对称起着十分重要的作用(方军雄,2007;潘越等,2011)。

证券分析师可以通过多种途径掌握上市公司的信息,正式的渠道包括参与上市公司的业绩说明会、电话会议或开展实地调研等方式了解上市公司的盈余信息和财务状况。与其他的沟通方式相比,实地调研显得尤为重要。与上市公司自行披露的信息相比,证券分析师实地调研掌握的信息更加客观、真实。上市公司在披露信息时,可能会掩盖某些"坏消息",要么是语言模糊,要么是只字不提,这对于投资者掌握公司的信息非常不利,而证券分析师实地调研,能够通过了解公司周围的环境,切实地走访公司的厂房,观看公司的设备运行情况,了解公司实际的生产及运营状况,以及未来的战略规划(Bushee et al.,2011;谭松涛、崔小勇,2015),从而做到"眼见为实"(Cheng et al.,2016)。

由于证券分析师在资本市场扮演着信息中介的角色,能够有效解读上市公司的实际情况,因而目标公司(考察对象)就能够从资本市场及时获取联结公司(模仿对象)经营情况的信息,并据此了解联结公司年报"管理层讨论与分析"语调的经济动机,通过独立董事联结这一渠道获取私有信息的可能性降低。也即,如果独立董事联结公司之间有大量证券分析师关注,那么独立董事的私有信息传递作用就会减弱。

基于以上分析,笔者提出假设 7-3:证券分析师实地调研能够减弱公司之间年报"管理层讨论与分析"语调的模仿效应。

第二节 研究设计

一、样本选取与数据来源

(一) 样本的选取

基于年报"管理层讨论与分析"文本信息语言选择的研究范畴,考虑到技术的可操作性,本研究从年语调、未来导向及语言模糊性三个角度考察企业年报"管理层讨论与分析"文本语言特征的模仿效应。首先检验独立董事联结公司之间的年报语调模仿,其次检验独立董事联结公司之间的年报"管理层讨论与分析"未来导向模仿,最后考察独立董事联结公司之间的年报"管理层讨论与分析"语言模糊性模仿。在理论分析的基础上,借鉴现有研究成果,建立计量经济模型,具体采用描述性统计、相关性分析、单变量分析和 OLS 多元回归分析等实证检验方法,并采用对偶模型进行相应的稳健性检验。

本章仍沿用 2013—2019 年的研究期间,以中国在沪深证券交易所上市的 A 股非 ST、非金融公司为样本进行研究。为了保持研究的一致性,本章仍然以第三章的样本作为研究对象。本研究的年报"管理层讨论与分析"文本特征数据全部来自手工搜集,财务数据来自 CSMAR 数据库,宏观经济波动数据来源于国家统计局网站,并对缺失的数据进行剔除。本研究使用了 Python3.7 软件、Stata15.0 软件和 UCINET6.19 软件,Python3.7 软件主要用于年报"管理层讨论与分析"文本特征数据的收集和整理,Stata15.0 软件主要用于描述性统计、相关性检验、回归分析,UCINET6.19 软件主要用于对回归结果进行 QAP 非参数检验。本研究对所有数据进行了 1% 水平上的 winsor 处理。

(二)数据来源与处理

笔者分两步构建数据。

第一步,构建独立董事联结数据。借鉴张雪梅、陈娇娇(2020)、梁上坤等(2019)的做法,首先从 CSMAR 数据库"董监高个人特征文件"中获得 A 股非 ST、非金融上市公司的公司名单和董事会成员名单。由于 CSMAR 数据库"董监高个人特征文件"中对上市公司每一位高管都设置了唯一的 ID,本研究剔除其他高管,仅保留上市公司独立董事个人信息及 ID。然后根据网站提供的独立董事唯一 ID,根据年份和唯一 ID 排序,利用 Stata 确定同一年份、同一独立董事任职的公司数,将仅在一家公司任职的独立董事剔除,保留在多家公司(两家及两家以上)任职的独立董事。最后利用 Stata 将同一行业、同一年份、同一独立董事任职的公司进行匹配,生成独立董事联结数据。对于独立董事兼任超过两家公司的情形,如独立董事 a 在 A、B、C 三家公司兼任独立董事,根据同一个独立董事 ID 两两配对,配出的结果是 A—B、A—C、B—C、B—A、C—A、C—B 六对样本对,将重复的样本对进行删除,最后保留下 A—B、A—C、B—C 三对样本对。

第二步，构建年报"管理层讨论与分析"文本特征数据。在前人的研究基础上，本研究构建了年报"管理层讨论与分析"文本的特征词词典，然后对年报"管理层讨论与分析"文本内容进行词频统计，得到这部分内容的特征词词频，用以表示年报"管理层讨论与分析"的文本特征。

二、模型设计

为了检验假设 7-1，本研究构建模型 7-1。如果模型 7-1 中 $L\_Tone_{i,t-1}$ 与 $T\_Tone_{i,t}$ 的关系显著，则代表上市公司之间存在年报"管理层讨论与分析"语调的模仿效应。

$$T\_Tone_{i,t} = \alpha_0 + \alpha_1 L\_Tone_{i,t-1} + \alpha_2 Mtb_{i,t} + \alpha_3 Size_{i,t} + \alpha_4 Roa_{i,t} + \alpha_5 Lev_{i,t}$$
$$+ \alpha_6 Age_{i,t} + \alpha_7 Soe_{i,t} + \alpha_8 Share1_{i,t} + \alpha_9 Manageshare_{i,t} + \alpha_{10} Boardsize_{i,t}$$
$$+ \alpha_{11} Dual_{i,t} + \sum Ind + \sum Year + \varepsilon_{i,t}$$

（模型 7-1）

如果在研究期间该公司有与同行业其他公司有独立董事兼任，即存在独立董事联结的公司对，则符合本研究的样本条件。$T\_Tone_{i,t}$ 为目标公司的语调，$L\_Tone_{i,t-1}$ 为与目标公司存在同一独立董事联结的公司上一年的年报"管理层讨论与分析"语调。如果是多家公司，则借鉴梁上坤等（2019）的做法，取上一年的中位数。

为了检验假设 7-2，外部环境不确定性对年报"管理层讨论与分析"语调的模仿效应的影响，将外部环境不确定性（$Uncert_{i,t}$）及外部环境不确定性与联结公司年报"管理层讨论与分析"语调的交乘项（$Uncert_{i,t} \times L\_Tone_{i,t-1}$）纳入模型 7-1，得到模型 7-2，进行回归分析。如果模型 7-2 交乘项中的系数显著，那么假设 7-2 得到验证。

$$T\_Tone_{i,t} = \alpha_0 + \alpha_1 Uncert_{i,t} \times L\_Tone_{i,t-1} + \alpha_2 Uncert_{i,t} +$$
$$\alpha_3 L\_Tone_{i,t-1} + \alpha_4 Mtb_{i,t} + \alpha_5 Size_{i,t} + \alpha_6 Roa_{i,t} + \alpha_7 Lev_{i,t}$$
$$+ \alpha_8 Age_{i,t} + \alpha_9 Soe_{i,t} + \alpha_{10} Share1_{i,t} + \alpha_{11} Manageshare_{i,t}$$
$$+ \alpha_{12} Boardsize_{i,t} + \alpha_{13} Dual_{i,t} + \sum Ind + \sum Year + \varepsilon_{i,t}$$

（模型 7-2）

为了检验假设7-3,证券分析师实地调研对年报"管理层讨论与分析"语调的模仿效应的影响,将正式信息渠道($Info_{i,t}$)及外部环境不确定性与联结公司年报"管理层讨论与分析"语调的交乘项($Info_{i,t} \times L\_Tone_{i,t-1}$)纳入模型7-1,得到模型7-3,进行回归分析。如果模型7-3交乘项中的系数显著,那么假设7-3得到验证。

$$T\_Tone_{i,t} = \alpha_0 + \alpha_1 Info_{i,t} \times L\_Tone_{i,t-1} + \alpha_2 Info_{i,t} + \alpha_3 L\_Tone_{i,t-1}$$
$$+ \alpha_4 Mtb_{i,t} + \alpha_5 Size_{i,t} + \alpha_6 Roa_{i,t} + \alpha_7 Lev_{i,t} + \alpha_8 Age_{i,t} + \alpha_9 Soe_{i,t}$$
$$+ \alpha_{10} Share1_{i,t} + \alpha_{11} Manageshare_{i,t} + \alpha_{12} Boardsize_{i,t} + \alpha_{13} Dual_{i,t}$$
$$+ \sum Ind + \sum Year + \varepsilon_{i,t}$$

(模型7-3)

三、变量设计

(一) 被解释变量

本章的被解释变量为目标公司的年报语调"管理层讨论与分析"(T_Tone)。借鉴曾庆生等(2018)、黄超和王敏(2019)、谢德仁和林乐(2015)的做法,年报"管理层讨论与分析"语调有两种计算方法,第一种方法是用年报所使用的积极词汇的数量加1除以年报所使用的消极词汇的数量加1,并取自然对数;第二种方法是用年报中所使用的积极词汇的数量减去消极词汇的数量,除以年报中积极词汇的数量与消极词汇的数量的和。两种方法分别用模型7-4和模型7-5来表示。

$$Tone = \ln \frac{Positives + 1}{Negtives + 1} \quad \text{(模型7-4)}$$

$$Tone = \frac{Positives - Negtives}{Positives + Negtives} \quad \text{(模型7-5)}$$

本研究采用模型7-5所计算的年报"管理层讨论与分析"语调作为主要回归结果,为了结论的稳健性,采用模型7-4所计算的年报"管理层讨论与分析"语调作为稳健性检验。

（二）解释变量

解释变量为联结公司的年报语调 L_Tone，计算方法同上。

（三）调节变量

外部环境不确定性借鉴梁上坤等（2019）的做法，采用宏观经济波动来衡量。宏观经济增长对企业盈利有显著的解释能力（Magee, 1974），而年报"管理层讨论与分析"语调就是在对企业经营情况的解释中所体现出的积极或者消极情况，是对企业盈利的反映，因此，宏观经济增长对企业年报"管理层讨论与分析"文本语调有较大影响。当宏观经济波动较大时，企业的年报"管理层讨论与分析"文本语调不仅受到公司经营情况影响，还在很大程度上受外部经济波动情况的影响，如何表述存在更大的不确定性，公司通过独立董事联结渠道向其他公司模仿的动机更明显。宏观经济波动采用公司注册省份一年内四个季度 GDP 同比增速的标准差来衡量。对联结公司对而言，如果两公司所处省份的宏观经济波动大于行业中位数，则取值为 1，否则为 0。

正式信息渠道在陈运森、郑登津（2017）的做法基础上，采用证券分析师实地调研进行衡量。相比于证券分析师跟踪，证券分析师实地调研更能了解公司的私有信息，做到眼见为实。具体来讲，将配对公司证券分析师实地调研次数的均值作为正式信息渠道的度量指标。该值越大，表明正式信息渠道在获取信息时的作用越大。

（四）控制变量

从以往文献来看，影响年报"管理层讨论与分析"语调的既可能是公司层面的情况，也可能是公司治理的情况。参考黄超和王敏（2019），以及谢德仁和林乐（2015）的做法，本研究控制了账面市值比（Mtb）、公司规模（Size）、资产回报率（Roa）、资产负债率（Lev）、公司年龄（Age）、国有企业（Soe），影响公司特征的第一大股东持股（Share1）、管理层持股（Manageshare）、董事会规模（Boardsize）、两职合一（Dual），以及年份（Year）和行业（Ind）哑变量。

本章涉及的模型变量定义如表 7-1 所示。

表 7-1　模型变量定义

	变量标识	变量名称	变量计算
被解释变量	T_Tone	目标公司的年报"管理层讨论与分析"语调	同行业配对公司中,目标公司 t 年的年报积极语调。计算方法为,$T\_Tone = \dfrac{Positives - Negtives}{Positives + Negtives}$
解释变量	L_Tone	联结公司的年报"管理层讨论与分析"语调	同行业配对公司中,联结公司 $t-1$ 年的年报积极语调。计算方法为,$L\_Tone = \dfrac{Positives - Negtives}{Positives + Negtives}$。为了满足模仿行为发生的时间要求,本研究对目标公司与联结公司的年报披露时间进行了控制,目标公司的年报披露时间晚于联结公司年报披露 1 年
调节变量	Uncert	外部环境不确定性	宏观经济波动采用公司注册省份一年内四个季度 GDP 同比增速的标准差来衡量。对联结公司对而言,如果两公司所处省份的宏观经济波动大于行业中位数,则取值为 1,否则为 0
	Info	正式信息渠道	将配对公司证券分析师实地调研次数的均值作为正式信息渠道的度量指标。该值越大,表明正式信息渠道在获取信息时的作用越大
控制变量	Mtb	账面市值比	t 年末目标公司的总市值/账面价值
	Size	公司规模	t 年末目标公司的总资产进行对数处理
	Roa	资产回报率	t 年末目标公司的资产回报率
	Lev	资产负债率	t 年末目标公司的总负债/总资产
	Age	公司年龄	t 年末目标公司的企业成立年份与统计年份之差
	Soe	国有企业	t 年末目标公司为国有控股取值为 1,否则为 0
	Share1	第一大股东持股	t 年末目标公司的第一大股东持股比例
	Manageshare	管理层持股	t 年末目标公司的企业高管持股比例
	Boardsize	董事会规模	t 年末目标公司的董事人数,取自然对数
	Dual	两职合一	t 年末目标公司的董事长与总经理两职合一取值为 1,否则为 0
	Ind	行业	行业虚拟变量
	Year	年度	年度虚拟变量

第三节 研究结果与分析

一、描述性统计

表7-2显示了全样本下各变量的描述性统计结果。从中可以看出,虽然全体样本都是语调大于0的上市公司,但是联结公司的年报"管理层讨论与分析"文本积极语调和目标公司的年报"管理层讨论与分析"文本积极语调最小值均为0.341,远远大于0,说明中国上市公司的年报"管理层讨论与分析"语调是偏积极的。这一结果在曾庆生等(2018)的研究中也有所体现。联结公司的年报"管理层讨论与分析"文本积极语调均值为0.773,中位数为0.795,目标公司的年报"管理层讨论与分析"文本积极语调均值为0.760,中位数为0.783,无论是从数值还是分布来看,二者差异都不大,为进一步探讨二者接近的原因提供了空间。其他控制变量与以往研究较为一致,这里不再赘述。

表7-2 变量描述性统计

变量名	样本量	均值	中位数	最小值	最大值	标准差
T_Tone	21 630	0.760	0.783	0.341	0.965	0.127
L_Tone	21 630	0.773	0.795	0.341	0.965	0.121
Mtb	21 630	2.217	1.731	0.000	10.888	1.765
Size	21 630	22.471	22.301	19.820	26.161	1.281
Roa	21 630	0.035	0.034	−0.225	0.193	0.058
Lev	21 630	0.441	0.436	0.057	0.880	0.197
Age	21 630	18.574	18.000	6.000	31.000	5.273
Soe	21 630	0.358	0.000	0.000	1.000	0.479
Share1	21 630	31.007	30.000	0.000	74.860	16.190
Manageshare	21 630	0.114	0.006	0.000	0.690	0.175
Boardsize	21 630	2.256	2.303	1.792	2.773	0.174
Dual	21 630	0.259	0.000	0.000	1.000	0.438

二、实证分析

表7-3显示了年报"管理层讨论与分析"语调模仿效应的回归结果。联结公司上一年年报的"管理层讨论与分析"积极语调与目标公司年报的"管理层讨论与分析"积极语调是正相关的关系,系数为0.025,在1%的水平上具有统计意义上的显著性。这说明,在存在同一独立董事联结的配对公司之间,联结公司上一年的年报"管理层讨论与分析"积极语调会导致目标公司本年度年报"管理层讨论与分析"积极语调显著增加,独立董事联结公司之间存在年报"管理层讨论与分析"语调的模仿效应,验证了假设7-1。

表7-3 主回归结果1

	(1) T_Tone
L_Tone	0.025***
	(3.83)
Mtb	0.001*
	(1.93)
Size	0.009***
	(10.15)
Roa	0.657***
	(34.98)
Lev	0.018***
	(3.00)
Age	−0.001***
	(−5.11)
Soe	0.004*
	(1.93)
Share1	−0.001***
	(−2.59)
Manageshare	0.055***
	(10.52)
Boardsize	0.008
	(1.57)
Dual	0.009***

续表

	(1) T_Tone
_cons	(5.01) 0.476*** (21.37)
Ind	Yes
Year	Yes
N	21 630
Adj_R²	0.221

注：***表示1%水平上显著相关；**表示5%水平上显著相关；*表示10%水平上显著相关；括号内为T值。

控制变量显示，能够反映公司经营情况的账面市值比、公司规模、资产回报率与年报"管理层讨论与分析"积极语调之间是正相关的关系，公司账面市值比越高，年报"管理层讨论与分析"语调越积极；公司规模越大，年报"管理层讨论与分析"语调越积极；资产回报率越高，年报"管理层讨论与分析"语调越积极，与年报"管理层讨论与分析"积极语调所依赖的公司特征相符。公司年龄与年报"管理层讨论与分析"语调之间是负相关关系，说明较之于成立时间久的公司，新成立的公司更有意愿使用积极语调吸引投资者的注意。国有上市公司更容易披露积极语调，较之于民营上市公司披露积极语调可能存在的政治成本，国有上市公司更有意愿披露积极语调来反映经营状况。值得一提的是，公司资产负债率与年报"管理层讨论与分析"语调之间是正相关关系，与预期有所不符，可能的原因是，年报"管理层讨论与分析"语调不仅是对真实经营情况的反映，还可能是公司掩盖经营业绩的手段，资产负债率越高的公司，越可能增加年报"管理层讨论与分析"中的积极语调，掩盖其可能存在的债务风险。

在控制变量中，市值越高、规模越大、资产回报率越高的公司，经营情况越好，越容易披露积极语调。资产负债率越高，年报"管理层讨论与分析"语调越积极，说明公司也想通过年报"管理层讨论与分析"文本信息向债权人展示公司经营良好的情况。相比于民营上市公司，国有上市公司更容易披露积极语调。可能的原因在于，民营上市公司会因为积极语调引发媒体等市场参与者的关注，产生不必要的"政治成本"。

在公司治理的指标中,第一大股东持股比例越低,年报"管理层讨论与分析"语调越积极,说明公司股权越分散,治理效果越好,年报"管理层讨论与分析"语调越积极。管理层持股比例越高,年报"管理层讨论与分析"语调越积极,说明管理层通过持股,提高了努力程度,降低了代理冲突。董事会规模虽然与年报"管理层讨论与分析"积极语调的系数为正,但不具有统计意义上的显著性。最后,高管两职合一的公司更容易在年报中披露积极语调,可能是因为两职合一的高管有较大的权力,会影响年报披露的语调。

表7-4显示了外部环境不确定性对年报"管理层讨论与分析"语调模仿效应的影响。公司所处外部环境的不确定性与联结公司上一年年报"管理层讨论与分析"语调的交乘项($Uncert \times L\_Tone$),与目标公司本年度年报"管理层讨论与分析"语调之间是正相关关系,系数为0.039,在5%的水平上具有统计意义显著性。这说明,外部环境不确定性会影响独立董事联结公司之间的年报"管理层讨论与分析"语调模仿效应,在外部环境不确定性较高的情况下,上市公司年报"管理层讨论与分析"语调对资本市场参与者及股票市场的影响存在更大的不确定性,因此更有动机模仿联结公司的年报"管理层讨论与分析"语调。这验证了本章的假设7-2。从表7-4中还可以看出,外部环境不确定性与年报"管理层讨论与分析"语调之间的系数为-0.029,在5%的水平上显著相关,说明外部环境不确定性越大,上市公司越容易保守,降低年报"管理层讨论与分析"中的积极语调。控制变量的回归结果与表7-3一致,不再赘述。

表7-4 主回归结果2

	(1)
	T_Tone
$Uncert \times L\_Tone$	0.039**
	(2.24)
$Uncert$	-0.029**
	(-2.20)
L_Tone	0.017**
	(2.47)
Mtb	0.001*
	(1.95)

续表

	(1) T_Tone
Size	0.009***
	(10.12)
Roa	0.657***
	(35.01)
Lev	0.018***
	(3.03)
Age	−0.001***
	(−5.15)
Soe	0.004**
	(1.98)
Share1	−0.000***
	(−2.60)
Manageshare	0.055***
	(10.52)
Boardsize	0.008
	(1.58)
Dual	0.009***
	(4.99)
_cons	0.481***
	(21.49)
Ind	Yes
Year	Yes
N	21 630
Adj_R^2	0.221

注：***表示1%水平上显著相关；**表示5%水平上显著相关；*表示10%水平上显著相关；括号内为T值。

表7-5显示了正式信息渠道对年报"管理层讨论与分析"语调模仿效应的影响。公司的外部信息渠道与联结公司上一年年报"管理层讨论与分析"语调的交乘项（$Info \times L\_Tone$），与目标公司本年度年报"管理层讨论与分析"语调之间是正相关关系，系数为−0.014，在1%水平上具有统计意义的显著性。这说明正式信息渠道会影响独立董事联结公司之间的年报"管理层讨论与分析"语调模仿效应，在外部信息来源更透明的情况下，上市公司可以从其他途径了解联结对象年报"管理层讨论与分析"积极语调产生的原

因,削弱了独立董事联结这一私有信息渠道的作用。因此,外部信息渠道越透明,独立董事联结公司之间的年报"管理层讨论与分析"语调模仿效应越弱,验证了假设7-3。从表7-5中还可以看出,正式信息渠道与年报"管理层讨论与分析"语调之间的系数为0.019,在1%的水平上具有统计意义的显著性,说明正式信息渠道能够提高年报"管理层讨论与分析"的积极语调,同样说明外部信息渠道能够释放挖掘公司的私有信息,通过沟通和实地了解,释放更多公司增长潜力的信息。控制变量的回归结果与表7-3一致,不再赘述。

表7-5 主回归结果3

	(1) T_Tone
Info×L_Tone	−0.014***
	(−2.64)
Info	0.019***
	(4.48)
L_Tone	0.028***
	(3.26)
Mtb	0.001*
	(1.96)
Size	0.007***
	(8.29)
Roa	0.636***
	(33.79)
Lev	0.020***
	(3.46)
Age	−0.001***
	(−4.71)
Soe	0.005***
	(2.64)
Share1	−0.000*
	(−1.66)
Manageshare	0.053***
	(10.21)
Boardsize	0.007
	(1.36)
Dual	0.009***

续表

	(1)
	T_Tone
	(4.76)
_cons	0.498***
	(21.91)
Ind	Yes
Year	Yes
N	21 630
Adj_R²	0.226

注：***表示1%水平上显著相关；**表示5%水平上显著相关；*表示10%水平上显著相关；括号内为T值。

第四节 进一步分析：公司异质性特征与年报"管理层讨论与分析"语调的模仿效应

一、融资约束与年报"管理层讨论与分析"语调的模仿效应

由于信息不对称产生的摩擦无处不在，导致企业使用外部资金的成本高于使用内部资金的成本，会产生融资约束问题。公司能够通过参股银行（陈运森等，2015）、主动进行捐赠（王鹏程、李建标，2015）来缓解融资约束。相比于增加社会关系来缓解融资约束，公司还可以通过信息披露改善投资者的印象。披露环保信息、社会责任信息均能够显著降低融资约束水平（吴红军等，2017；罗珊梅、李明辉，2015）。与特定内容的文本信息披露不同，"管理层讨论与分析"部分的语调也具有信息含量，能够向资本市场传递上市公司的经营情况。融资约束程度越高，上市公司越需要向投资者展示良好形象，包括还款能力等，当聘任了具有联结关系的独立董事时，上市公司更有可能通过独立董事联结渠道模仿联结公司的年报"管理层讨论与分析"语调，从而获得披露语调的合法性及信号功能，避免显示不利形象。

二、公司成长性与年报"管理层讨论与分析"语调的模仿效应

公司成长性是企业维持业绩表现和追求长期价值的基础(李敏娜和王铁男,2014)。高成长性公司为了扩大产品市场占有量,势必会努力寻求更多的投融资机会,提升公司竞争优势。与此同时,高成长性的公司盈利能力相对较低,自由现金流不充裕,有较高的风险(刘砾丹和刘力臻,2021)。研究表明,高成长性公司会通过真实活动盈余管理来传递公司价值增长的信息,降低公司的权益资本成本(罗琦、王悦歌,2015)。

年报"管理层讨论与分析"语调具有信息含量,通过积极语调传递公司价值是公司间默认的一种方式。高成长性公司更需要通过年报传递出公司的增长潜力和未来价值。但同时,高成长性公司市场地位不稳定,面临较高的经营风险,只关注本公司的情况,很难持续输出对公司有利的信息,而模仿联结公司的年报"管理层讨论与分析"语调,既能够保持行业的整体水平,又能够避免波动,产生不必要的负面影响。因此,公司成长性越高,年报"管理层讨论与分析"语调的模仿效应越明显。

借鉴潘越等(2019)的做法,构建上市公司融资约束 KZ 指数(KZ),该指标值越大,表示企业的融资约束程度越高。采用营业收入增长率作为公司成长性($Growth$)的度量指标。分别将融资约束 KZ 指数与联结公司年报"管理层讨论与分析"语调的交乘项、公司成长性与联结公司年报"管理层讨论与分析"语调的交乘项代入模型 7-1 中,进行回归分析,计算结果如表 7-6 所示。

表 7-6	进一步分析	
	(1) T_Tone	(2) T_Tone
$KZ \times L\_Tone$	0.024***	
	(2.71)	
KZ	−0.001	
	(−0.63)	
$Growth \times L\_Tone$		0.141***

续表

	(1) T_Tone	(2) T_Tone
Growth		(2.74) 0.021***
		(5.82)
L_Tone	0.005	0.013
	(0.28)	(0.81)
Mtb	−0.001	−0.001*
	(−0.95)	(−1.85)
Size	−0.002	−0.002**
	(−1.52)	(−1.97)
Roa	0.192***	0.113***
	(6.91)	(14.92)
Lev	−0.022***	−0.029***
	(−2.72)	(−4.98)
Age	−0.000	−0.001***
	(−0.41)	(−2.94)
Soe	−0.018***	−0.018***
	(−7.74)	(−7.99)
Share1	0.000	0.000
	(1.59)	(0.77)
Manageshare	0.051***	0.053***
	(8.92)	(9.63)
Boardsize	0.006	0.017***
	(1.06)	(2.86)
Dual	0.005**	0.002
	(2.21)	(1.16)
_cons	0.023	0.028
	(0.94)	(1.11)
Ind	Yes	Yes
Year	Yes	Yes
N	4 085	4 259
Adj_R^2	0.182	0.198

注：＊＊＊表示1％水平上显著相关；＊＊表示5％水平上显著相关；＊表示10％水平上显著相关；括号内为T值。

从表7-6第(1)列的结果可以看出，融资约束KZ指数与联结公司年报

"管理层讨论与分析"语调的交乘项系数为0.024,且在1%的水平上具有统计意义的显著性,说明融资约束程度越高,目标公司越容易模仿联结公司的年报"管理层讨论与分析"语调。表7-6第(2)列的结果显示,在公司成长性与联结公司年报"管理层讨论与分析"语调的交乘项系数为0.141,且在1%的水平上具有统计意义的显著性,说明公司成长性越高,目标公司越容易模仿联结公司的年报"管理层讨论与分析"语调。

第五节 稳健性检验

一、替换被解释变量

根据以往的研究,年报"管理层讨论与分析"语调数量加1除了采用模型7-5计算,还可以采用模型7-4进行计算,即计算积极词汇数量加1与消极词汇数量加1之间的比值,并取对数处理。通过模型7-4计算得到另一种年报"管理层讨论与分析"积极语调的指标,并将其作为被解释变量,带入模型7-1中进行稳健性检验。检验结果表7-7所示。从中可以看出,替换被解释变量之后,目标公司t年的积极语调与联结公司$t-1$年的积极语调之间的系数为0.154,在1%的水平上具有统计意义的显著性,说明独立董事联结会引发任职公司之间年报"管理层讨论与分析"语调的模仿效应。假设7-1得到验证。

表7-7	替换变量
	(1)
	T_Tonet
$L\_Tonet-1$	0.154***
	(12.79)
Mtb	−0.000
	(−0.66)
$Size$	0.007***
	(6.59)
Roa	0.069***

续表

	(1) T_Tonet
	(3.99)
Lev	−0.003
	(−0.47)
Age	−0.001***
	(−5.83)
Soe	−0.017***
	(−7.19)
Share1	−0.000
	(−0.16)
Manageshare	0.056***
	(11.25)
Boardsize	0.014***
	(2.63)
Dual	0.001
	(0.61)
_cons	0.239***
	(10.31)
Ind	Yes
Year	Yes
N	4 966
Adj_R²	0.202

注：***表示1%水平上显著相关；**表示5%水平上显著相关；*表示10%水平上显著相关；括号内为T值。

二、更换模型

主假设采用的模型需要将独立董事按照ID配对，但同一独立董事联结的公司本身可能存在一定的相关性，使得年报"管理层讨论与分析"文本语调可能存在关联，导致年报"管理层讨论与分析"文本语调的模仿效应并非因为模仿，而是因为公司之间的关联。为了排除这一竞争性假设，笔者借鉴曾姝、李青原（2016）的做法，更换了模型设计，如模型7-6所示。

$$T\_Rep\_txt_{i,t} = \alpha_0 + \alpha_1 Link_{i,t} + \alpha_2 Size_{i,t} + \alpha_3 Roa_{i,t} + \alpha_4 Lev_{i,t}$$
$$+ \alpha_5 Mtb_{i,t} + \alpha_6 Age_{i,t} + \alpha_7 Manageshare_{i,t} + \alpha_8 Share1_{i,t} + \alpha_9 Share10_{i,t}$$
$$+ \alpha_{10} Dual_{i,t} + \alpha_{11} Soe_{i,t} + \sum Ind + \sum Year + \varepsilon_{i,t}$$

(模型 7-6)

在使用年报"管理层讨论与分析"语调衡量企业的模仿行为时,借鉴曾姝、李青原(2016)的做法,根据行业、年度将年报"管理层讨论与分析"语调按照大小分为 10 组,组别越大,表示年报"管理层讨论与分析"语调越积极。取处于该行业、年度内第 10 组的公司表示语调积极的公司,即为本研究的联结公司。根据独立董事 ID 匹配出同行业、同年度内存在独立董事联结的其他公司,设置虚拟变量 Link,表示与年报"管理层讨论与分析"语调积极的公司存在独立董事联结。控制变量同上。如果 Link 的系数显著为正,表示与年报"管理层讨论与分析"语调积极的公司存在独立董事联结,那么该公司下一年的年报"管理层讨论与分析"语调也积极,体现出年报"管理层讨论与分析"语调的模仿效应。

表 7-8 是采用 OLS 回归分析的结果,从中可以看出,独立董事联结的年报"管理层讨论与分析"语调模仿效应系数为 0.007,在 5% 的水平上存在统计意义的显著性,说明在控制其他可能影响年报"管理层讨论与分析"文本语调的因素后,独立董事联结会引发年报"管理层讨论与分析"文本语调的模仿效应,如果与年报"管理层讨论与分析"语调积极的公司存在独立董事联结,则目标公司下一年年报"管理层讨论与分析"语调积极的可能性更大。以上结论支持假设 7-1,即独立董事联结公司之间存在年报"管理层讨论与分析"语调的模仿效应。

表 7-8	更换模型
	(1)
	T_Tone
Link	0.007**
	(2.36)
Mtb	−0.000
	(−0.30)
Size	0.007

续表

	(1) T_Tone
	(0.74)
Roa	−0.007
	(−1.26)
Lev	0.000
	(0.31)
Age	−0.001***
	(−6.53)
Soe	0.046***
	(10.53)
Share1	−0.000***
	(−4.93)
Manageshare	0.001***
	(7.21)
Boardsize	0.006***
	(3.74)
Dual	−0.012***
	(−5.53)
_cons	0.084***
	(3.74)
Ind	Yes
Year	Yes
N	19 211
Adj_R²	0.303

注：***表示1%水平上显著相关；**表示5%水平上显著相关；*表示10%水平上显著相关；括号内为T值。

三、企业集团的影响

如果存在独立董事联结的企业同属于一个企业集团，则年报"管理层讨论与分析"文本特征的相似性很可能是因为同一个企业集团采用相似的披露方式，而非独立董事联结的结果，即独立董事联结对年报"管理层讨论与分析"文本特征的影响存在替代性解释。为了避免企业集团对结论产生干扰,本研究剔除了样本中被同一个第一大股东持股的公司对,重新对模型7-1进行回归分析。从表7-9所示的结果不难看出,剔除了被同一个第一大股控制的公司对之后,公司对之间年报"管理层讨论与分析"语调的系数为0.026,在10%的水平上具有统计意义显著性。这说明剔除企业集团的影响后,独立董事联结仍然能引发年报"管理层讨论与分析"文本特征的模仿效应。也即,独立董事联结公司之间年报"管理层讨论与分析"文本特征的相似性与独立董事这一信息渠道有关,而非受企业集团的影响。

表7-9　　　　　　　　　　剔除企业集团的影响

	(1) T_Tone
L_Tone	0.026*
	(1.78)
Mtb	−0.001*
	(−1.69)
Size	−0.002*
	(−1.79)
Roa	0.123***
	(14.54)
Lev	−0.026***
	(−4.44)
Age	−0.001***
	(−3.27)
Soe	−0.019***
	(−8.24)
Share1	0.000
	(0.73)
Manageshare	0.055***
	(10.00)
Boardsize	0.018***
	(3.04)
Dual	0.002
	(1.06)
_cons	0.034
	(1.35)
Ind	Yes

续表

	(1) T_Tone
Year	Yes
N	4 247
Pseudo_R^2	0.190

注：***表示1%水平上显著相关；**表示5%水平上显著相关；*表示10%水平上显著相关；括号内为Z值。

四、互为因果的内生性问题

年报"管理层讨论与分析"文本相似的公司可能会聘请相同的独立董事，本研究还存在互为因果的内生性问题。由于独立董事联结公司与年报"管理层讨论与分析"文本相似的公司之间存在一定的同质性，不可避免地存在共线性问题，因此，本研究采用非参数检验，即QAP分析，在随机状态下，考察二者之间的系数与显著相关性。

选择2013—2019年在沪深证券交易所上市的公司作为研究样本，剔除金融类、ST上市公司，共3 325家，在任意两家公司之间建立联系，得到11 052 300(3 325×3 324)个关系数。变量都采用N×N方阵的形式表示。

变量定义如下。

(1) 年报"管理层讨论与分析"文本积极语调(S_Tone)，指2013—2019年，任意两家公司年报"管理层讨论与分析"同为积极语调同为未来导向语调或者同为模糊语调，则邻接矩阵中取值为1，否则为0。

(2) 企业间独立董事联结($link$)，指2013—2019年任意的公司之间存在相同的独立董事。

具体处理过程如下：第一步，将Excel"独立董事—任职公司"数据导入UCINET软件(独立董事采用独立董事的唯一ID，任职公司使用处理成字符串形式的公司代码)。第二步，在UCINET软件中将Excel数据保持为"独立董事—公司"二模(2-mode)矩阵；再将"独立董事—公司"矩阵转置为"公司—独立董事"二模矩阵；将"公司—独立董事"二模(2-mode)矩阵与"独立董事—公司"二模矩阵相乘，获得"公司—公司"关系矩阵，二者的关系建立在是否拥有共同独立董事的基础上,即任职关系矩阵,矩阵元素是矩阵乘积的值,0 表示不存在独立董事联结关系,除 0 之外,都表示存在独立董事联结关系。

类似地,建立基于年报"管理层讨论与分析"文本语调的"公司—公司"关系矩阵。最后,利用 UCINET 软件,将二者按照被解释变量及解释变量的顺序导入,并通过 QAP 分析检验,得到表 7-10 所示的结果。从表 7-10 可以看出,企业间独立董事联结的系数为正,在 1% 的水平上具有设计意义显著性,说明独立董事联结关系确实对年报"管理层讨论与分析"文本内容的完整性产生了影响,与前文结果一致。

表 7-10　QAP 回归分析结果

变量	非标准化系数	标准化系数	P 值
Constant	0.652838	0.000	—
Link	0.055304	0.007801	0.005
N	11052300	11052300	
Adj_R^2	0.0001	0.0001	

第六节　本章小结

年报"管理层讨论与分析"这部分内容是对经济事项的解释说明,反映了一定的会计逻辑,必然需要遵循一定的会计框架。作为一种去人格化的会计程序,其应该符合基本的社会范式。高管在"经营情况讨论与分析"部分的语言结构不仅是个体的理性行为,还是在特定情境下的社会行为。

同行业公司的年报"管理层讨论与分析"语调特征为衡量企业的外部环境、行业竞争情况及公司经营情况提供了一个参考标准,也是企业应当参考的规范性表述。但照搬同行业公司的年报"管理层讨论与分析"文本,旨在掩盖不同的经济动机,最后的结果也是相差甚远。与公司会计政策选择、重要的财务决策或者未来发展战略等相关的信息是公司的私有信息,不会通过公司官网、证券交易所网站等公开信息披露渠道对外公布,只能够依靠隐

第七章　独立董事联结与年报"管理层讨论 / 149
与分析"文本语调的模仿效应

蔽的"私下"交流来掌握真实的情况。上市公司有义务及时向独立董事汇报并与其沟通信息披露问题,这就加强了独立董事对公司的参与,使其可以深入了解信息披露决策的制定过程,掌握年报"管理层讨论与分析"文本信息披露语言反映基本经济事实的程度和方向。本章从年报"管理层讨论与分析"文本特征的三个角度,即语调、语言导向和语言模糊性三个方面考察了独立董事联结公司之间的模仿效应。之后本章进一步分析了证券分析师这一正式信息渠道与独立董事这一私有信息渠道在模仿效应中的关系。经过实证检验,主要结论如下。

独立董事联结会引起年报"管理层讨论与分析"语调的模仿效应。语调信息能够被资本市场捕捉,具有信息价值。上市公司会关注年报"管理层讨论与分析"信息披露事项的文字描述,借鉴联结公司披露时的语言逻辑,从而产生相似的年报"管理层讨论与分析"语调。相比于独立董事联结的私有信息渠道,证券分析师实地调研这一正式信息渠道能够带来关于联结公司的信息,从而减弱了公司之间的语调模仿效应。

本章的结论表明:语调特征是年报"管理层讨论与分析"对公司经营情况的自然描述,在年报"管理层讨论与分析""对主要经营情况进行回顾"和"对未来发展进行展望"的表述框架下,具有会计逻辑。公司在年报"管理层讨论与分析"的表述倾向及用词选择上具有模仿效应。

第八章 独立董事联结、年报"管理层讨论与分析"披露趋同与股价联动

股价联动(Comovement 或 Synchronicity)是指证券市场中个股之间、个股与市场之间价格的同向变动,即人们常说的股票价格"同涨同跌"(潘宁宁、朱宏泉,2015)。股份联动不仅包括股价同步性这类个股股价与同行业、同一资本市场基本面同步变动的情况(余秋玲和朱宏泉,2014;冯旭南和徐宗余,2011),还包括股票价格跨行业、跨地区或跨市场间的共变现象(易志高、茅宁,2008)。

现有研究发现,股价会出现同一成分股股指联动(Barberis et al., 2005)、相同地域之间的联动(Pirinsky and Wang, 2006)、资产分类之间的联动(Barberis and Shleifer, 2003)、公司名称相近的联动(李广子等,2011)、因投资者情绪导致的股价联动(Green and Hwang, 2009)、经营范围相似产生的股价联动(吴璇等,2020)等。这些股价联动对资产定价、资本市场资源配置效率有重要影响。

以往研究虽然注意到联结关系能够引发股价联动效应,而且支持信息传递是股价联动产生的原因,但都是基于公司内部信息的传递,对于公开披露的信息关注不多。而投资者往往囿于信息解读能力等原因,能够挖掘到的内部信息有限,恰恰要依据公司公开披露的信息进行决策参考。年报"管理层讨论与分析"文本信息是公开披露的信息,《信息披露准则——年报内容与格式》要求上市公司不仅要披露公司经营情况的信息,更要披露对未来发展情况有影响的信息,方便投资者做出投资决策。年报"管理层讨论与分析"文本内容、语言特征均能对公司短期市场(Davis et al., 2012; Feldman et al., 2010; Huang et al., 2014)、IPO 抑价(Jegadeesh and Wu, 2013; Loughran and McDonald, 2013)、股价和交易量(Brochet et al., 2012)产生重

要影响。既然独立董事联结能够引发年报"管理层讨论与分析"文本的模仿效应,那么对年报"管理层讨论与分析"文本信息的解读能否带来股价联动效应就很值得研究。笔者从"独立董事联结—年报'管理层讨论与分析'文本的模仿效应—股价联动"这一路径进行深入研究。

本章选取2013—2019年在沪深证券交易所上市的A股非金融上市公司为样本,并剔除*ST公司及数据无法补全的公司,考察独立董事联结带来的年报"管理层讨论与分析"文本模仿效应能否对资本市场产生影响,引发股价联动现象,并考察了独立董事联结强度、独立董事财务背景等影响年报"管理层讨论与分析"文本模仿效应的因素能否进一步影响股价联动。本章还进一步利用中介效应验证年报"管理层讨论与分析"文本模仿效应在独立董事联结与股价联动之间的中介作用。本研究为深入理解中国资本市场存在的股价联动现象提供了新的视角,具有重要的理论与实践意义。

第一节　理论分析与假设提出

一、独立董事联结与股价联动

"有效市场"理论认为,在市场完全有效的情况下,股价能够反映所有与公司有关的信息,一旦市场上获得与该股票价格相关的新信息,市场就会迅速做出调整,从而将新信息反映在所有相关的股票价格中。Pindyck and Rotemberg(1993)认为,由于公司的股价等于预期盈余的现值,而宏观经济变动将会最直接地影响市场风险,即现值模型的折现率,因此,宏观经济的变动将会传导到个股股价,从而引发股价联动。基于传统金融理论的观点,市场中没有摩擦且都是理性投资者,任意时段针对某一经济业务的经济冲击都将被充分地反映到所有从事这种业务的公司股价中,形成个股股价的联动反应。

现实世界中,信息不对称会带来各种噪声和摩擦,而且投资者也并非都是理性投资者,会影响到资本市场的有效性。因此,Barberis et al. (2005)归纳了三种股价联动产生的原因。第一种为分类观,该观点认为,投资者为了简化投资组合决策,会将股票打包分类,比如小型股、石油股或者高风险债券，然后根据资产类型而非个股信息进行投资，从而引发某类股票价格的联动。第二种为投资者偏好观，该观点认为，由于受到交易成本、国际交易限制、信息不对称等因素的限制，大多数投资者会倾向于投资他们所熟悉的公司的股票。而由于这些投资者的风险规避、投资情绪、流动性需要等，使得他们所持有的股票具有了共同特征，如本地公司（Coval and Moskowitz, 1999；Pirinsky and Wang, 2006）。第三种则为信息扩散观，该观点认为，出于市场摩擦、有限注意力等因素，当一个新的消息公布时，不同类型股票的价格对新信息响应速度有所不同。

随着社会网络的研究蓬勃发展，不同领域的交叉研究开始涌现，Khanna and Thomas（2009）发现，公司间的连锁关系，比如交叉持股关系、股东联结关系及董事联结关系会引起公司基本面上的关联，从而引起公司股价的联动。但他们对于基本面相似的原因并没有给出直接的证据。Marcet（2017）研究了新兴资本市场证券分析师跟踪网络与股价联动的关系，发现同一证券分析师跟踪的公司之间更容易发生股价联动；国际证券分析师还容易引发跨国公司的股价联动。国内的研究也发现了中国新兴资本市场有相似的股价联动特征。董大勇等（2013）研究了在沪深证券交易所上市的300家公司存在共有股东与股价联动的关系，发现共有股东会引发股价联动，并进一步指出共有股东之间的关联交易及信息扩散是形成股价联动的原因。陆贤伟等（2013）指出，董事联结也能够引起股价联动，股价联动并非董事联结带来的分类效应，而是董事联结导致了资源价值联动。陈运森、郑登津（2018）亦从信息的视角验证了董事联结能够引发股价联动，而且董事联结之间的私有信息传递导致的公司基本面累积，是引发个股股价与市场股价同步变动的原因。

然而，由于资本市场信息不对称，投资者往往囿于信息解读能力等原因，能够挖掘到的内部信息有限，那么要从何处发现公司基本面信息的关联？公司披露的信息恰恰是投资者进行决策参考的主要信息来源。年报"管理层讨论与分析"是公开披露的信息，且根据中国证监会《信息披露准则——年报内容与格式》的要求，上市公司不仅要披露经营情况的信息，更要披露对未来发展情况有影响的信息，方便投资者做出投资决策。年报"管理层讨论与分析"文本内容、语言特征均能对公司短期市场（Davis et al., 2012；Feldman et al., 2010；Huang et al., 2014）、IPO抑价（Jegadeesh and

Wu, 2013; Loughran and McDonald, 2013)、股价和交易量(Brochet et al., 2012)产生重要影响。本研究认为,独立董事联结能够引发年报"管理层讨论与分析"文本的模仿效应。基于此,投资者对公司基本面信息的解读更加一致,从而引发股价联动。理由如下。

独立董事联结公司的年报"管理层讨论与分析"文本信息模仿,一定程度上反映了个体公司之间基本面上的相似性。理论上,宏观经济政策对同行业公司的影响程度相似,因而同行业公司与宏观经济政策之间的关联较为一致,在宏观经济政策不变的情况下,同行业公司面临着相似的法律约束、融资环境、市场开放程度。由于面临着相同的市场供需环境,同行业公司的经营状况有强相关性(Moskowitz and Grinblatt, 1999)。而同行业公司中存在共同独立董事,能够加强这种强相关性。独立董事作为私有信息渠道,能获得公开渠道所无法获得的私有信息,年报"管理层讨论与分析"对过去经营情况的回顾有利于公司之间分享与投融资决策有关且十分隐秘的重要信息。由于上市公司年报"管理层讨论与分析"文本的模仿效应,之前在联结公司年报中出现的盈余有关信息更有可能出现在目标公司的年报中。投资者即使对该信息反应不足,但当其他公司也披露此类信息时,就能够形成规模经济,投资者获取的同类信息增多,产生信息增量。况且,信息披露具有外部性,投资者通常利用公司相关信息评估其他公司的市场价值(Dye, 1990; Admati and Pfleiderer, 2000)。供应链上下游公司之间,因为紧密的生产合作,使得公司之间的基本面信息有较大的关联性,通过供应商/客户信息能够预测另一方的未来收益,因此披露一方的信息使得公司股价对行业信息的解释力度上升,股价同步性上升(Menzly and Ozbas, 2016)。李丹、王丹(2016)分析,供应商披露客户身份增加了投资者获取供应商信息的渠道,使股价同步性降低;当客户为上市公司时,公开的客户渠道信息还能促进行业共享,使供应商的股价同步性高于客户不是上市公司的供应商。独立董事联结公司之间的年报"管理层讨论与分析"文本相似性增加,使得基于信息累积的公司基本面之间关联程度增加,更有利于投资者根据联结关系对比同类信息,做出对其他公司的价值判断,导致股价联动。

此外,独立董事联结公司之间年报"管理层讨论与分析"文本信息的模仿,一定程度上反映了行业的公共信息。年报"管理层讨论与分析"要披露行业发展前景等前瞻性信息,根据前述研究,对于这类不确定性大的信息,独立董事基于兼任公司中产生的学习效应更强,公司更有可能模仿。Foster(1981)指出,一个公司发布的信息不可避免地包含了行业共同的信息,使得一家公司的信息对同行业其他公司的信息产生了信息传递。当这些信息不断传递和累积,投资者便能通过对共性信息的把握获取行业内的公共信息,进而对行业内所有公司的股票价格都会产生影响(余秋玲、朱宏泉,2014)。独立董事联结公司体现的行业信息能够体现行业共性信息,当单个公司的信息进入市场后,会波及同行业的其他联结公司,引发股价联动。

基于以上分析,笔者提出假设 8-1:独立董事联结公司之间会产生股价联动。

二、联结独董网络位置与股价联动

理论和实证研究均已表明,独立董事越靠近任职网络的中心位置,即网络中心度越大,与网络中其他独立董事信息交换的渠道越多,越有能力促进信息在网络中的扩散。当公司与模仿对象之间由中心度高的独立董事联结,意味着两公司之间的联结强度更大。既然独立董事是公司之间的私有信息渠道,而且独立董事联结的公司之间有更强的认同感,那么当两公司之间有网络位置更高的独立董事联结,不论是信息传递还是关系认同都更加明显。公司之间的基本面相似性更高,更能够产生股价联动。

基于以上分析,本研究提出假设 8-2:独立董事网络中心度会加强具有联结关系的公司之间的股价联动。

三、联结独董财务背景与股价联动

职业背景和经验决定了个人关注焦点的不同,对其决策有重要的影响(Barker and GC Mueller,2002)。不同职业经历的独立董事所具有的专业经验不同,对信息的积累和规范具有异质性。李青原等(2015)发现,会计专场的独立董事能够更好地提供咨询职能以及监督职能,因此当连锁的独立董事拥有特殊会计专长时,其所兼任企业的盈余质量更为相似。刘永涛等(2015)也发现,连锁董事的会计背景以及审计委员会任职更能够促进研发支出会计政策选择的模仿效应。

由于信息披露的专业性和复杂性,具有财务背景的独立董事相对于其他背景的独立董事在此方面具有独特的专业性优势,更能够凭借其财务方面扎实的专业知识和丰富的实践经验对上市公司财务数据的合理性做出独立的、准确的专业判断。Chychyla等(2019)研究认为,在美国证监会(SEC)财务报告准则要求越来越复杂的背景下,公司为了能够既满足信息披露准则的要求,同时消除信息披露复杂带来的不利影响,会聘请具有会计背景的独立董事。发达资本市场的经验在中国新兴资本市场中也得到验证,翟淑萍和袁克丽(2019)利用中国独立董事的数据也发现,财务独立董事更不易受上市公司大股东以及管理层的影响,保证公司的财务信息在适当的时间,以正确的形式提供给信息使用者。当年报信息披露准则发布后,财务背景的独立董事往往在董事会专门委员会中担任审计委员会负责人,他们通过直接参与包括会计政策选择等重要事项的审议,参与了信息披露决策。加上任职优势,增加独立董事对上市公司了解的渠道。财务信息综合反映了公司的盈余,是公司股价的重要影响因素,财务背景独立董事在信息披露中的咨询建议以及规范性约束促进公司之间年报财务信息的一致性,从而产生股价联动。

基于以上分析,本研究提出假设8-3:独立董事财务背景促进了联结公司之间的股价联动。

第二节　研究设计

一、样本选择与数据来源

(一) 样本的选取

由于2012年中国证监会《信息披露准则——年报内容与格式》确定了年报"管理层讨论与分析"文本披露的内容,此后关于年报"管理层讨论与分析"的规范在2012年的《信息披露准则——年报内容与格式》的基础上没有太大改动。文本以2013—2019年作为研究期间。由于ST公司的信息披露动机、金融公司的财务处理与非金融公司有很大差别,遵循研究惯例,本研究剔除了 ST、*ST、PT 公司及金融行业公司。

借鉴梁上坤等(2019)及张雪梅、陈娇娇(2020)的做法,独立董事联结的数据处理如下。首先从 CSMAR 数据库"董监高个人特征文件"中获得 A 股非 ST、非金融上市公司的公司名单和董事会成员名单,并从中筛选出独立董事名称。然后根据网站提供的独立董事人员唯一 ID,识别出有兼任的独立董事。最后根据上市公司独立董事的任职信息,利用 Stata 配对出因为相同独董任职而联结的公司对,揭示因独立董事联结而形成的企业连锁关系。对于独立董事兼任超过两家公司的情形,如独立董事 a 在 A、B、C 三家公司兼任独立董事,根据同一个独立董事 ID 两两配对,配出的结果是 A—B、A—C、B—C、B—A、C—A、C—B,将重复的样本对进行删除,最后保留下 A—B、A—C、B—C 三对样本对。

借鉴陈运森和郑登津(2017)、周晓苏等(2017)的方法,采用对偶模型计算独立董事联结对企业间股价联动的影响。由于不同行业之间在产业政策、税收优惠、经营活动等方面存在较大差异,而同行业企业之间面临的外部环境较为一致,因此,本研究首先将 A 股非金融公司根据行业进行两两配对,形成公司对,并且剔除重的样本对。计算公司对之间的股票收益相关系数,形成公司对之间的股价联动,然后将公司对与独立董事联结对进行匹配,计算配对公司是否存在独立董事联结,进而考察是否存在独立董事联结的公司股价联动的程度更高。

(二) 数据来源与处理

本研究的财务数据全部来自 CSMAR 数据库,年报"管理层讨论与分析"文本内容数据来自 CNRDS 数据库,对于不完整的年报"管理层讨论与分析"内容,通过在新浪财经网站或者巨潮资讯网站查询上市公司年报,对不完整或者缺失的非财务信息进行补足,并将缺失数据进行剔除。本研究使用了 Python3.7 软件、Stata15.0 软件及 UCINET6.19 软件,Python3.7 软件主要用于非财务数据的处理和计算,Stata15.0 软件主要用于描述性统计、相关性检验及回归分析,UCINET6.19 软件主要用于对回归结果进行非参数检验。本研究对所有数据进行了 1% 水平上的 winsor 处理。

二、模型设计

为了检验假设 8-1,参考 Khanna and Thomas(2009),陆贤伟等(2013),陈运森、郑登津(2017)的研究,采用对偶模型,构建模型 8-1。

$$Corr_{i,j,t} = \alpha_0 + \alpha_1 Same\_Indep_{i,j,t} + \alpha_2 D\_Size_{i,j,t} + \alpha_3 D\_Roa_{i,j,t}$$
$$+ \alpha_4 D\_Lev_{i,j,t} + \alpha_5 D\_Mtb_{i,j,t} + \alpha_6 D\_Age_{i,j,t} + \alpha_7 D\_CFO_{i,j,t}$$
$$+ \alpha_8 D\_Boardsize_{i,j,t} + \alpha_9 D\_Share1_{i,j,t} + \alpha_{10} D\_IC_{i,j,t} + \alpha_{11} Dual_{i,j,t}$$
$$+ \alpha_{12} Soe_{i,j,t} + \sum Ind + \sum Year + \varepsilon_{i,j,t}$$

(模型 8-1)

$$Corr_{i,j,t} = \alpha_0 + \alpha_1 Same\_Indep\_Fina_{i,j,t} + \alpha_2 D\_Size_{i,j,t} + \alpha_3 D\_Roa_{i,j,t}$$
$$+ \alpha_4 D\_Lev_{i,j,t} + \alpha_5 D\_Mtb_{i,j,t} + \alpha_6 D\_Age_{i,j,t} + \alpha_7 D\_CFO_{i,j,t}$$
$$+ \alpha_8 D\_Boardsize_{i,j,t} + \alpha_9 D\_Share1_{i,j,t} + \alpha_{10} D\_IC_{i,j,t} + \alpha_{11} Dual_{i,j,t}$$
$$+ \alpha_{12} Soe_{i,j,t} + \sum Ind + \sum Year + \varepsilon_{i,j,t}$$

(模型 8-2)

$$Corr_{i,j,t} = \alpha_0 + \alpha_1 Same\_Indep\_Degree_{i,j,t} + \alpha_2 D\_Size_{i,j,t} + \alpha_3 D\_Roa_{i,j,t}$$
$$+ \alpha_4 D\_Lev_{i,j,t} + \alpha_5 D\_Mtb_{i,j,t} + \alpha_6 D\_Age_{i,j,t} + \alpha_7 D\_CFO_{i,j,t}$$
$$+ \alpha_8 D\_Boardsize_{i,j,t} + \alpha_9 D\_Share1_{i,j,t} + \alpha_{10} D\_IC_{i,j,t} + \alpha_{11} Dual_{i,j,t}$$
$$+ \alpha_{12} Soe_{i,j,t} + \sum Ind + \sum Year + \varepsilon_{i,j,t}$$

(模型 8-3)

三、变量设计

(一) 被解释变量

本章的被解释变量为两两公司之间的个股同步变动,借鉴 Khanna and Thomas(2009),陆贤伟等(2013),陈运森、郑登津(2017)的研究,构建计算模型 8-4 和模型 8-5。

$$Corr_{i,j} = \frac{cov(i,j)}{\sqrt{var(i) \times var(j)}} \qquad (模型\ 8-4)$$

$$Fre_{i,j} = \frac{\sum_t (n_{i,j,t}^{up} + n_{i,j,t}^{down})}{T_{i,j}} \qquad (模型\ 8-5)$$

模型 8-4 中 $Corr_{i,j}$ 指的是两个公司的股票收益率在方向和程度上的同步性,即股价联动。$cov(i,j)$ 是公司 i 和公司 j 的股票周收益率在同一年内的协方差,$var(i)$ 和 $var(j)$ 分别表示公司 i 和公司 j 的股票周收益率的方差。

模型 8-5 中 $Fre_{i,j}$ 指的是两两公司之间股价同方向的数量之和,$n_{i,j,t}^{up}$ 为两个公司个股周收益率都为正的次数,$n_{i,j,t}^{down}$ 为两个公司个股周收益率都为负的次数,$T_{i,j}$ 为一年中计算相关系数所用的两个公司的周数据的数量。本章主回归分析中采用 $cov(i,j)$ 作为被解释变量,将 $Fre_{i,j}$ 用于稳健性检验。

(二) 解释变量

第一个解释变量 $Same\_Indep_{i,j,t}$ 表示同行业两个公司之间是否存在独立董事联结,具体来讲,如果 t 年同行业公司 i 与公司 j 之间有同一个独立董事兼任,则 $Same\_Indep_{i,j,t}$ 取值为 1,否则为 0。

第二个解释变量为,独立董事联结财务背景($Same\_Indep\_Fina$),根据独立董事的背景,将具有"财务""金融"背景的独立董事视为具有财务背景,设置为 1,否则为 0。

第三个解释变量为,独立董事网络位置($Same\_Indep\_Degree$)。根据上市公司独立董事的任职信息,建立"企业—独立董事"2 模矩阵,该矩阵能够体现出每一位独立董事所任职的具体公司,利用 UCINET 大型社会网络分析软件将此 2 模矩阵转换成"企业—企业"的 1 模矩阵,该矩阵揭示了因连锁独立董事而连接形成的企业网络关系。独立董事的网络位置可以利用程度中心度($Same\_Indep\_Degree$)指标来衡量。

$$程度中心度:\quad Same\_Indep\_Degree_i = \frac{\sum_j X_{ji}}{g-1} \qquad (模型\ 8-6)$$

如公式 8-6 所示,i 为某个独立董事,j 为当年除了 i 的其他独立董事,X_{ji} 为一个网络联结关系,如果独立董事 i 与独立董事 j 至少在一个公司独立董事会任职则为 1，否则为 0。g 为上市公司当年担任独立董事的总人数，g-1 消除规模差异。

（三）控制变量

借鉴陆贤伟等（2013）、董大勇等（2013）、马丽莎等（2014）等对股价联动效应的研究，本研究控制了其他可能影响股价联动的变量，包括公司规模差异（D_Size）、资产回报率差异（D_Roa）、资产负债率差异（D_Lev）、账面市值比差异（D_Mtb）、公司年龄差异（D_Age）、经营现金流差异（D_CFO）、董事会规模差异（$D\_Boardsize$）、股权集中度差异（D_Share1）、内部控制质量差异（D_IC）、两职兼任（$Dual$）、国有企业（Soe）、经营风险差异（D_Risk），以及年份（$Year$）和行业（Ind）哑变量。

本章所涉及的模型变量定义如表 8-1 所示。

表 8-1　　　　　　　　　　模型变量定义

	变量标识	变量名称	变量计算
被解释变量	Corr	股价联动	采用模型 8-4 计算的股票周收益率相关系数。该值越大，表示股价联动程度越高
解释变量	Same_Indep	独立董事联结	虚拟变量，如果同行业公司 i 与公司 j 有相同的独立董事兼任，取值为 1，否则为 0
	Same_Indep_Fina	独立董事财务背景	根据独立董事的背景，将具有财务、金融背景的独立董事视为具有财务背景，取值为 1，否则为 0
	Same_Indep_Degree	独立董事网络位置	利用社会网络分析软件 UCINET，根据模型 8-6 计算得到独立董事的网络中心度
控制变量	D_Size	公司规模差异	t 年末配对公司 i 与公司 j 公司规模差异的绝对值，并进行对数处理
	D_Roa	资产回报率差异	t 年末配对公司 i 与公司 j 资产回报率差异的绝对值，并进行对数处理
	D_Lev	资产负债率差异	t 年末配对公司 i 与公司 j 资产负债率差异的绝对值，并进行对数处理
	D_Mtb	账面市值比差异	t 年末配对公司 i 与公司 j 账面市值比差异的绝对值，并进行对数处理
	D_Age	公司年龄差异	t 年末配对公司 i 与公司 j 年龄差异的绝对值，并进行对数处理。公司年龄采用企业成立年份与统计年份之差

续表

变量标识	变量名称	变量计算
D_CFO	经营现金流差异	t 年末配对公司 i 与公司 j 经过期初资产调整后的经营活动现金流量净额差异的绝对值,并进行对数处理
D_Boardsize	董事会规模差异	t 年末配对公司 i 与公司 j 董事会规模差异的绝对值,并进行对数处理。董事会规模采用董事会人数的对数值
D_Share1	股权集中度差异	t 年末配对公司 i 与公司 j 股权集中度差异的绝对值,并进行对数处理。股权集中度采用第一大股东持股比例计算
D_IC	内部控制质量差异	t 年末配对公司 i 与公司 j 内部控制质量差异的绝对值,并进行对数处理。内部控制质量采用迪博内部控制指数进行计算
Dual	两职兼任	t 年末配对公司 i 与公司 j 的董事长与总经理均两职兼任,取值为 1,否则为 0
Soe	国有企业	t 年末配对公司 i 与公司 j 的实际控制人均为"国有企业",取值为 1,否则为 0
Ind	行业	行业虚拟变量
Year	年份	年度虚拟变量

第三节 研究结果与分析

一、描述性统计

从表 8-2 的描述性统计结果可以看出,同行业两两公司之间的股份联动系数均值为 0.176,最小值为 -0.047,最大值为 1.078,说明中国资本市场同行业任意两公司之间的股票收益差异较大。虽然同行业公司之间有相似的经营范围,但具体公司的经营情况及信息披露情况仍有较大差异,从独立董事这一联结渠道入手考察同行业存在联结关系的公司之间的股价联动情况具有现实意义。主要解释变量独立董事联结的均值为 0.002,中位数为 0.000,说明同行业任意两公司之间存在独立董事联结关系的比例较低,在全体样本中占到 0.2%,独立董事联结关系对全体上市公司对而言仍然是稀缺资源,突出了独立董事联结对公司私有信息传递及年报"管理层讨论与分析"文本模仿效应的意义。

表 8-2　　　　　　　　　描述性统计结果

变量	样本	均值	中位数	最小值	最大值	标准差
$Corr$	3 418 346	0.176	0.118	−0.047	1.078	0.196
$Same\_Indep$	3 418 346	0.002	0.000	0.000	1.000	0.043
$Same\_Indep\_Degree$	3 418 346	0.000	0.000	0.000	0.493	0.004
$Same\_Indep\_Fina$	1 720 414	0.505	1.000	0.000	1.000	0.500
D_Size	3 418 346	0.748	0.727	0.019	1.745	0.429
D_Roa	3 418 346	0.047	0.034	0.001	0.252	0.045
D_Lev	3 418 346	0.183	0.166	0.003	0.490	0.121
D_Age	3 418 346	1.661	1.792	0.000	2.996	0.742
D_CFO	3 418 346	0.064	0.053	0.001	0.235	0.051
D_Mtb	3 418 346	0.206	0.186	0.004	0.568	0.139
$D\_Boardsize$	3 418 346	0.152	0.167	0.000	0.527	0.134
D_Share1	3 418 346	2.514	2.660	0.215	3.981	0.871
D_IC	3 418 346	3.929	4.039	0.663	6.543	1.162
$Dual$	3 418 346	0.089	0.000	0.000	1.000	0.284
Soe	3 418 346	0.090	0.000	0.000	1.000	0.286

二、组间系数差异检验

本研究检验了存在独立董事联结的公司对与不存在独立董事联结的公司对在股价联动及公司特征之间的均值差异,结果如表 8-3 所示。从中可以看出,存在独立董事联结的公司对之间股价联动的程度要显著高于不存在独立董事联结的公司对。在公司特征层面,存在独立董事联结的公司对在公司规模、资产回报率、资产负债率、公司年龄、经营现金流、账面市值比、股权集中度等方面的差异要显著低于不存在独立董事联结的公司对,内部控制质量及高管两职兼任在两组之间的差异不明显。

表 8-3　　　　　　　　　　组间系数差异检验结果

变量	非联结组	组内均值	联结组	组内均值	组间均值差异
$Corr$	3 412 135	0.176	6 211	0.193	-0.017^{***}
D_Size	3 412 135	0.748	6 211	0.695	0.053^{***}
D_Roa	3 412 135	0.047	6 211	0.045	0.002^{***}
D_Lev	3 412 135	0.183	6 211	0.171	0.012^{***}
D_Age	3 412 135	1.661	6 211	1.617	0.045^{***}
D_CFO	3 412 135	0.064	6 211	0.063	0.001
D_Mtb	3 412 135	0.206	6 211	0.191	0.015^{***}
$D\_Boardsize$	3 412 135	0.152	6 211	0.150	0.002
D_Share1	3 412 135	2.514	6 211	2.481	0.033^{***}
D_IC	3 412 135	3.929	6 211	3.911	0.018
$Dual$	3 412 135	0.089	6 211	0.087	0.002
Soe	3 412 135	0.090	6 211	0.157	-0.067^{***}

三、实证分析

表 8-4 反映了配对公司在独立董事联结与股价联动之间的结果。从独立董事联结的系数来看，独立董事联结带来的股价联动的系数为 0.006，在 1% 的水平上具有统计意义的显著性。这说明在控制了公司经营变量、公司治理变量等潜在影响股价联动的特征之后，独立董事联结会增加股价联动。独立董事联结形成了信息交流的渠道，借由联结关系产生的年报"管理层讨论与分析"文本模仿效应使得股价的信息含量也更加相似。假设 8-1 得到验证。在控制变量中，公司经营情况越接近，股价联动越明显。具体而言，公司规模差异、资产回报率差异、公司年龄差异、账面市值比差异与股价联动之间是负相关关系，且在 1% 的水平上具有统计意义的显著性，说明公司规模相关、资产回报率越相关、公司年龄越相关和账面市值比越接近的公司，股价联动的程度越高；公司资产负债率差异与股价联动是正相关关系，说明公司资产负债率越相似，股价联动程度越低，投资者更关注公司经营方面的消息，而非融资方面的消息。在公司治理层面，董事会规模差异、股权集中度差异、内部控制质量差异等均与股价联动是负相关关系，在 1% 的水平上具有统计意义的显著性，说明公司治理结构越相似，股价联动的程度越高。

高管两职兼任的公司股价联动程度更高,国有上市公司股价联动程度更低。

表 8-4 回归结果

	(1) Corr
Same_Indep	0.006***
	(3.63)
D_Size	−0.035***
	(−187.15)
D_Roa	−0.116***
	(−74.25)
D_Lev	0.016***
	(26.44)
D_Age	−0.002***
	(−18.21)
D_CFO	−0.052***
	(−35.62)
D_Mtb	−0.049***
	(−86.63)
D_Boardsize	−0.001*
	(−1.69)
D_Share1	−0.003***
	(−36.53)
D_IC	−0.003***
	(−39.99)
Dual	0.015***
	(59.58)
Soe	−0.011***
	(−40.33)
_cons	0.159***
	(60.82)
N	3 418 346
Adj_R^2	0.568

注：*** 表示 1% 水平上显著相关；** 表示 5% 水平上显著相关；* 表示 10% 水平上显著相关；括号内为 T 值。

表 8-5 第(1)列显示了独立董事网络中心度与股份联动的关系,从第(1)列回归结果显示,独立董事网络中心度与股份联动的系数为 0.279,具有 1% 水平上的显著性,说明独立董事越位于任职网络的中心位置,联结的公

司对之间股价联动越明显。说明,独立董事网络中心度加强了联结公司之间的私有渠道交流,公司基本面信息的一致性程度更高,联结公司之间的股价联动越明显。假设8-2得到验证。表8-5第(2)列显示了独立董事财务背景与股价联动之间的关系,从表第(2)列的回归结果显示,独立董事财务背景与股价联动的系数为0.009,具有1%水平上的显著性。说明独立董事个人的专业背景能够加强私有信息的传递,尤其是财务背景的独立董事更能够在联结公司之间起到监督作用,使得公司之间的文本信息更为相似,从而促进了联结公司之间的股价联动。假设8-3得到验证。

表8-5 独立董事细分特征与股价同步性

	(1) Corr	(2) Corr
Same_Indep_Degree	0.279*** (8.51)	
Same_Indep_Fina		0.009*** (20.34)
D_Size	−0.033*** (−86.99)	−0.033*** (−60.08)
D_Roa	−0.084*** (−31.06)	−0.086*** (−22.04)
D_Lev	0.027*** (21.17)	0.029*** (15.86)

注:***表示1%水平上显著相关;**表示5%水平上显著相关;*表示10%水平上显著相关。

第四节 进一步分析:中介效应检验

一、年报"管理层讨论与分析"文本长度的中介效应检验

公司信息披露增加了公司的关联程度,投资者通过对相同信息的解读和买卖行为来影响股价。那么,年报"管理层讨论与分析"内容越详细,越有利于投资者对公司信息进行解读。前述研究已经发现,独立董事联结会引起年报"管理层讨论与分析"文本完整性的模仿效应,那么独立董事联结所

引起的股价联动是否是由于年报"管理层讨论与分析"文本完整性的模仿导致的就很值得研究。因为年报"管理层讨论与分析"文本完整性是哑变量，在公司对的样本中，其不适合做中介变量，因此本研究借鉴 Filzen and Schutte(2017)的思路，采用年报"管理层讨论与分析""对未来发展进行展望"部分的文本长度作为年报"管理层讨论与分析"文本完整性的替代变量，这部分文本越长，说明信息越详细，包含的信息含量越大。

本研究根据温忠麟(2004)的中介效应检验程序，建立了中介效应模型来检验这一思路。具体模型设计如模型 8-7、模型 8-8 和模型 8-9 所示，中介变量 D_Length 是指存在独立董事联结的同行业公司之间年报"管理层讨论与分析""对未来发展进行展望"部分文本长度的差异。

控制变量同上。

$$Corr_{i,j,t} = \alpha_0 + \alpha_1 Same\_Indep_{i,j,t} + \alpha_2 D\_Size_{i,j,t} + \alpha_3 D\_Roa_{i,j,t}$$
$$+ \alpha_4 D\_Lev_{i,j,t} + \alpha_5 D\_Mtb_{i,j,t} + \alpha_6 D\_Age_{i,j,t} + \alpha_7 D\_CFO_{i,j,t}^{127}$$
$$+ \alpha_8 D\_Boardsize_{i,j,t} + \alpha_9 D\_Share1_{i,j,t} + \alpha_{10} D\_IC_{i,j,t} + \alpha_{11} Dual_{i,j,t}$$
$$+ \alpha_{12} Soe_{i,j,t} + \sum Ind + \sum Year + \varepsilon_{i,j,t}$$

（模型 8-7）

$$D\_Length_{i,j,t} = \alpha_0 + \alpha_1 Same\_Indep_{i,j,t} + \alpha_2 D\_Size_{i,j,t} + \alpha_3 D\_Roa_{i,j,t}$$
$$+ \alpha_4 D\_Lev_{i,j,t} + \alpha_5 D\_Mtb_{i,j,t} + \alpha_6 D\_Age_{i,j,t} + \alpha_7 D\_CFO_{i,j,t}$$
$$+ \alpha_8 D\_Boardsize_{i,j,t} + \alpha_9 D\_Share1_{i,j,t} + \alpha_{10} D\_IC_{i,j,t} + \alpha_{11} Dual_{i,j,t}$$
$$+ \alpha_{12} Soe_{i,j,t} + \sum Ind + \sum Year + \varepsilon_{i,j,t}$$

（模型 8-8）

$$Corr_{i,j,t} = \alpha_0 + \alpha_1 Same\_Indep_{i,j,t} + \alpha_2 D\_Length_{i,j,t} + \alpha_3 D\_Size_{i,j,t}$$
$$+ \alpha_4 D\_Roa_{i,j,t} + \alpha_5 D\_Lev_{i,j,t} + \alpha_6 D\_Mtb_{i,j,t} + \alpha_7 D\_Age_{i,j,t}$$
$$+ \alpha_8 D\_CFO_{i,j,t} + \alpha_9 D\_Boardsize_{i,j,t} + \alpha_{10} D\_Share1_{i,j,t}$$
$$+ \alpha_{11} D\_IC_{i,j,t} + \alpha_{12} Dual_{i,j,t} + \alpha_{13} Soe_{i,j,t} + \sum Ind + \sum Year + \varepsilon_{i,j,t}$$

（模型 8-9）

表 8-6 第(1)列是采用模型 8-7 进行回归分析的结果，可以看出独立董事联结和股价联动是正相关关系，且系数为 0.013，在 1% 的水平上具有

统计意义的显著性;第(2)列是采用模型8-8进行回归分析的结果,可以看到独立董事联结与年报"管理层讨论与分析"文本完整性的差异的系数为－0.022,在1%的水平上具有统计意义的显著性,而第(3)列是将独立董事联结和年报"管理层讨论与分析"文本完整性的差异共同带入模型8-9得到的结果,从第(3)列的结果来看,独立董事联结与股价联动的系数为0.013,在1%的水平上具有统计意义的显著性,年报"管理层讨论与分析"文本完整性的差异与股价联动的系数为－0.004,在1%的水平上具有统计意义的显著性。根据温忠麟(2004)的判断标准,由于第(1)列独立董事联结与股价联动的系数具有显著性,第(2)列独立董事联结与年报"管理层讨论与分析"文本完整性的差异的系数也具有显著性,第(3)列控制了年报"管理层讨论与分析"文本完整性的差异后,独立董事联结与股价联动的系数为0.013,在1%的水平上具有统计意义的显著性,因此不需要进行Sobel中介效应检验,可以直接判断年报"管理层讨论与分析"文本完整性的差异起到了部分中介作用。这验证了本研究的设计思路,独立董事联结引发的年报"管理层讨论与分析"文本完整性模仿效应可以传递到资本市场,带来股价联动。但是,股价信息并非只来源于年报"管理层讨论与分析"文本,还来源于年报中的其他信息,因此,年报"管理层讨论与分析"文本完整性的模仿效应只是起到了部分中介作用。

表8-6 年报"管理层讨论与分析"文本长度的中介效应检验

	(1) Corr	(2) D_Length	(3) Corr
D_Length			－0.004***
			(－7.27)
Same_Indep	0.013***	－0.022***	0.013***
	(3.77)	(－5.98)	(3.74)
D_Size	－0.033***	0.019***	－0.033***
	(－86.99)	(47.40)	(－86.78)
D_Roa	－0.084***	0.018***	－0.084***
	(－31.05)	(6.14)	(－31.02)
D_Lev	0.027***	0.006***	0.027***
	(21.15)	(4.10)	(21.17)
D_Age	－0.002***	0.006***	－0.002***

续表

	(1) Corr	(2) D_Length	(3) Corr
	(−10.62)	(26.92)	(−10.52)
D_CFO	−0.016***	0.006**	−0.016***
	(−5.52)	(1.98)	(−5.51)
D_Mtb	−0.055***	0.013***	−0.055***
	(−49.15)	(10.91)	(−49.11)
D_Boardsize	−0.006***	−0.025***	−0.006***
	(−5.18)	(−21.27)	(−5.27)
D_Share1	−0.004***	−0.002***	−0.004***
	(−22.04)	(−11.98)	(−22.08)
D_IC	−0.003***	0.003***	−0.003***
	(−23.74)	(22.68)	(−23.65)
Dual	0.020***	−0.019***	0.020***
	(37.53)	(−33.64)	(37.39)
Soe	−0.016***	0.009***	−0.016***
	(−29.30)	(16.13)	(−29.24)
_cons	0.155***	0.352***	0.156***
	(29.18)	(61.85)	(29.41)
N	3 418 346	3 418 346	3 418 346
Adj_R²	0.263	0.030	0.263

注：***表示1%水平上显著相关；**表示5%水平上显著相关；*表示10%水平上显著相关；括号内为T值。

二、年报"管理层讨论与分析"文本内容的中介效应检验

年报"管理层讨论与分析"这部分内容披露的初衷不是对财务数据的简单描述，而是对财务数据产生的原因、发生的变化及变化的原因进行翔实的解释，包括公司未来可能发生的重大变动。而这些信息是投资者做出投资决策的重要依据，有利于投资者更好地理解财务数据背后的经济实质，对公司经营情况做出准确的判断，并对公司未来的发展做出预测。如果年报"管理层讨论与分析"文本内容存在相似性，势必能够引起相似公司之间的股价联动。前述分析已经发现，独立董事有能力参与到审计委员会中，负责审核

公司信息及其披露，为联结公司提供相同的规范性约束，加之独立董事有为公司提供咨询建议的职能，其通过在其他公司兼任，掌握任职公司经营、投资相关的私有信息，并通过任职关系在兼任公司中传递信息。有相同独立董事任职的公司之间具有年报"管理层讨论与分析"文本内容的相似性，那么年报"管理层讨论与分析"文本内容的模仿效应是否在独立董事联结与股价联动之间起到中介作用就值得研究。

为了验证这一思路，本研究根据温忠麟(2004)的中介效应检验程序，建立了中介效应模型进行检验，具体模型设计如模型 8-10、模型 8-11 和模型 8-12 所示，中介变量 $Text\_Sim$ 是指存在独立董事联结的同行业公司之间年报"管理层讨论与分析"文本向量的余弦值，该值越大，表明年报"管理层讨论与分析"文本相似度越高。

控制变量同上。

$$Corr_{i,j,t} = \alpha_0 + \alpha_1 Same\_Indep_{i,j,t} + \alpha_2 D\_Size_{i,j,t} + \alpha_3 D\_Roa_{i,j,t}$$
$$+ \alpha_4 D\_Lev_{i,j,t} + \alpha_5 D\_Mtb_{i,j,t} + \alpha_6 D\_Age_{i,j,t} + \alpha_7 D\_CFO_{i,j,t}$$
$$+ \alpha_8 D\_Boardsize_{i,j,t} + \alpha_9 D\_Share1_{i,j,t} + \alpha_{10} D\_IC_{i,j,t}$$
$$+ \alpha_{11} Dual_{i,j,t} + \alpha_{12} Soe_{i,j,t} + \sum Ind + \sum Year + \varepsilon_{i,j,t}$$

（模型 8-10）

$$Text\_Sim_{i,j,t} = \alpha_0 + \alpha_1 Same\_Indep_{i,j,t} + \alpha_2 D\_Size_{i,j,t} + \alpha_3 D\_Roa_{i,j,t}$$
$$+ \alpha_4 D\_Lev_{i,j,t} + \alpha_5 D\_Mtb_{i,j,t} + \alpha_6 D\_Age_{i,j,t} + \alpha_7 D\_CFO_{i,j,t}$$
$$+ \alpha_8 D\_Boardsize_{i,j,t} + \alpha_9 D\_Share1_{i,j,t} + \alpha_{10} D\_IC_{i,j,t} +$$
$$\alpha_{11} Dual_{i,j,t} + \alpha_{12} Soe_{i,j,t} + \sum Ind + \sum Year + \varepsilon_{i,j,t}$$

（模型 8-11）

$$Corr_{i,j,t} = \alpha_0 + \alpha_1 Same\_Indep_{i,j,t} + \alpha_2 Text\_Sim_{i,j,t} + \alpha_3 D\_Size_{i,j,t}$$
$$+ \alpha_4 D\_Roa_{i,j,t} + \alpha_5 D\_Lev_{i,j,t} + \alpha_6 D\_Mtb_{i,j,t} + \alpha_7 D\_Age_{i,j,t}$$
$$+ \alpha_8 D\_CFO_{i,j,t} + \alpha_9 D\_Boardsize_{i,j,t} + \alpha_{10} D\_Share1_{i,j,t}$$
$$+ \alpha_{11} D\_IC_{i,j,t} + \alpha_{12} Dual_{i,j,t} + \alpha_{13} Sod_{i,j,t} + \sum Ind + \sum Year + \varepsilon_{i,j,t}$$

（模型 8-12）

表 8-7 第(1)列是采用模型 8-10 进行回归分析的结果，可以看出独立

第八章 独立董事联结、年报"管理层讨论与分析"披露趋同与股价联动

董事联结和股价联动是正相关关系,系数为 0.006,在 1% 的水平上具有统计意义的显著性;第(2)列是采用模型 8-11 进行回归分析的结果,可以看到独立董事联结与年报"管理层讨论与分析"文本相似度的系数为 0.026,在 1% 的水平上具有统计意义的显著性;而第(3)列是将独立董事联结和年报"管理层讨论与分析"文本相似度共同带入模型 8-12 得到的结果,从第(3)列的结果来看,独立董事联结与股价联动的系数为 0.005,在 1% 的水平上具有统计意义的显著性,年报"管理层讨论与分析"文本相似度与股价联动的系数为 0.048,在 1% 的水平上具有统计意义的显著性。根据温忠麟(2004)的判断标准,由于第(1)列独立董事联结与股价联动的系数具有显著性,第(2)列独立董事联结与年报"管理层讨论与分析"文本相似度的系数也具有显著性,第(3)列控制了年报"管理层讨论与分析"文本相似度后,独立董事联结与股价联动的系数为 0.005,在 1% 的水平上具有统计意义的显著性,因此不需要进行 sobel 中介效应检验,可以直接判断年报"管理层讨论与分析"文本内容相似起到了部分中介作用。这验证了本研究的设计思路,年报"管理层讨论与分析"文本相似度作为公司之间基本面信息的反映,传递出了联结公司与目标公司之间的经营情况与未来发展展望之间的相似性,能够促进公司对之间产生股价联动效应。由于年报"管理层讨论与分析"文本内容传递了部分公司信息,公司内部信息还可以通过其他形式反映出来,因此,年报"管理层讨论与分析"文本相似度仅在独立董事联结与股价联动之间起到了部分中介作用。

表 8-7 年报"管理层讨论与分析"文本内容的中介效应检验

	(1) Corr	(2) Text_Sim	(3) Corr
Text_Sim			0.048***
			(87.26)
Same_Indep	0.006***	0.026***	0.005***
	(3.63)	(15.69)	(2.89)
D_Size	−0.035***	−0.024***	−0.034***
	(−187.15)	(−134.90)	(−180.51)
D_Roa	−0.116***	0.031***	−0.117***
	(−74.25)	(20.44)	(−75.29)
D_Lev	0.016***	−0.004***	0.017***

续表

	(1) Corr	(2) Text_Sim	(3) Corr
	(26.44)	(−6.95)	(26.79)
D_Age	−0.002***	−0.003***	−0.002***
	(−18.21)	(−30.91)	(−16.77)
D_CFO	−0.052***	−0.020***	−0.051***
	(−35.62)	(−13.82)	(−35.00)
D_Mtb	−0.049***	−0.024***	−0.047***
	(−86.63)	(−43.43)	(−84.65)
D_Boardsize	−0.001*	0.004***	−0.001**
	(−1.69)	(7.94)	(−2.07)
D_Share1	−0.003***	−0.001***	−0.003***
	(−36.53)	(−14.55)	(−35.89)
D_IC	−0.003***	−0.004***	−0.002***
	(−39.99)	(−57.71)	(−37.29)
Dual	0.015***	0.020***	0.014***
	(59.58)	(79.01)	(55.87)
Soe	−0.011***	−0.023***	−0.010***
	(−40.33)	(−90.84)	(−36.05)
_cons	0.159***	0.484***	0.136***
	(60.82)	(190.40)	(51.63)
N	3 418 346	3 418 346	3 418 346
Adj_R^2	0.568	0.063	0.569

注：***表示1%水平上显著相关；**表示5%水平上显著相关；*表示10%水平上显著相关；括号内为T值。

三、年报"管理层讨论与分析"文本语调的中介效应检验

已有研究发现，管理层在披露公司业绩时的语言情绪和语调存在差异，这种差异会对公司短期市场反应产生正向影响(Davis et al.，2012；Feldman et al.，2010；Huang et al.，2014)。Rogers et al.(2011)研究了管理层信息披露语调与股东诉讼风险的关系，发现管理层披露信息的乐观语调可能会增加诉讼风险。Schleicher et al.(2007)对比了盈利公司与亏损公司的年报"管理层讨论与分析"文本信息与盈余反映系数之间的关系，发现在年报中

讨论未来的盈余预期有利于提高公司在下一会计年度的股价。甘丽凝等(2019)以2010—2015年创业板上市公司为样本,从文本信息视角实证检验管理层语调如何影响资本市场的定价效率,研究发现,管理层语调具有定价功能,提高管理层净积极语调占比,可以降低权益资本成本;进一步发现,会计信息质量越高,管理层语调的定价效率越显著。企业大股东减持、增持或者增发股票会弱化管理层语调与权益资本成本之间的关系。周波等(2019)研究了年报语调对股价崩盘风险的影响。整体而言,年报语调的积极程度对年报披露后的股价崩盘风险没有显著影响。在考虑了语调的真实程度之后发现,当年报语调真实程度低时,语调越积极,年报公布后的股份崩盘风险越大,因为过于积极的语调可能是管理层进行印象管理的结果,并非对公司前景的看好。不仅如此,林乐、谢德仁(2016)研究发现,业绩说明会的语调也具有信息含量。投资者对管理层的净正面语调做出了显著的正向反应,对负面语调做出了显著的负向反应。在中国强调"意会"的语境文化背景下,投资者会听话听音,管理层语调具有信息含量,上市公司的业绩说明会具有其自身的存在价值。

前述研究已经表明,独立董事联结能够形成年报"管理层讨论与分析"语调的模仿效应,那么联结公司的年报语调所具有的信息含量势必会被投资者捕捉到,从而通过股票交易行为影响股价,引发股价联动。理论上,年报语调的模仿效应在独立董事联结与股价联动之间起到了部分中介作用。

为了验证这一思路,本研究根据温忠麟(2004)的中介效应检验程序,建立了中介效应模型进行检验,具体模型设计如模型8-13、模型8-14和模型8-15所示,中介变量D_Tone是指存在独立董事联结的同行业公司之间年报语调的差异。

控制变量同上。

$$Corr_{i,j,t} = \alpha_0 + \alpha_1 Same\_Indep_{i,j,t} + \alpha_2 D\_Size_{i,j,t} + \alpha_3 D\_Roa_{i,j,t} \\ + \alpha_4 D\_Lev_{i,j,t} + \alpha_5 D\_Mtb_{i,j,t} + \alpha_6 D\_Age_{i,j,t} + \alpha_7 D\_CFO_{i,j,t} \\ + \alpha_8 D\_Boardsize_{i,j,t} + \alpha_9 D\_Share1_{i,j,t} + \alpha_{10} D\_IC_{i,j,t} + \\ \alpha_{11} Dual_{i,j,t} + \alpha_{12} Soe_{i,j,t} + \sum Ind + \sum Year + \varepsilon_{i,j,t}$$

(模型8-13)

$$D\_Tone_{i,j,t} = \alpha_0 + \alpha_1 Same\_Indep_{i,j,t} + \alpha_2 D\_Size_{i,j,t} + \alpha_3 D\_Roa_{i,j,t}$$
$$+ \alpha_4 D\_Lev_{i,j,t} + \alpha_5 D\_Mtb_{i,j,t} + \alpha_6 D\_Age_{i,j,t} + \alpha_7 D\_CFO_{i,j,t}$$
$$+ \alpha_8 D\_Boardsize_{i,j,t} + \alpha_9 D\_Share1_{i,j,t} + \alpha_{10} D\_IC_{i,j,t} +$$
$$\alpha_{11} Dual_{i,j,t} + \alpha_{12} Soe_{i,j,t} + \sum Ind + \sum Year + \varepsilon_{i,j,t}$$

(模型 8-14)

$$Corr_{i,j,t} = \alpha_0 + \alpha_1 Same\_Indep_{i,j,t} + \alpha_2 D\_Tone_{i,j,t} + \alpha_3 D\_Size_{i,j,t}$$
$$+ \alpha_4 D\_Roa_{i,j,t} + \alpha_5 D\_Lev_{i,j,t} + \alpha_6 D\_Mtb_{i,j,t} + \alpha_7 D\_Age_{i,j,t}$$
$$+ \alpha_8 D\_CFO_{i,j,t} + \alpha_9 D\_Boardsize_{i,j,t} + \alpha_{10} D\_Share1_{i,j,t}$$
$$+ \alpha_{11} D\_IC_{i,j,t} + \alpha_{12} Dual_{i,j,t} + \alpha_{13} Soe_{i,j,t} + \sum Ind + \sum Year + \varepsilon_{i,j,t}$$

(模型 8-15)

表8-8第(1)列是采用模型8-13进行回归分析的结果,可以看出独立董事联结和股价联动是正相关关系,系数为0.013,在1%的水平上具有统计意义的显著性;第(2)列是采用模型8-14进行回归分析的结果,可以看到独立董事联结与年报语调差异的系数为-0.009,在1%的水平上具有统计意义的显著性;而第(3)列是将独立董事联结和年报语调差异共同带入模型8-15得到的结果,从第(3)列的结果来看,独立董事联结与股价联动的系数为0.013,在1%的水平上具有统计意义的显著性,年报语调差异与股价联动的系数为-0.015,在1%的水平上具有统计意义的显著性。根据温忠麟(2004)的判断标准,由于第(1)列独立董事联结与股价联动的系数具有显著性,第(2)列独立董事联结与年报语调差异的系数也具有显著性,第(3)列控制了年报语调差异后,独立董事联结与股价联动的系数为0.013,在1%的水平上具有显著性,因此不需要进行sobel中介效应检验,可以直接判断年报语调差异起到了部分中介作用。这验证了本研究的设计思路,年报"管理层讨论与分析"文本语调具有信息含量,联结公司的年报语调通过独立董事联结传递给目标企业,使得联结企业之间的年报语调具有相似性,股价产生了联动效应,独立董事联结公司间的年报语调模仿对公司之间的股价联动起到了部分中介作用。

表 8-8 年报"管理层讨论与分析"文本特征的中介效应检验

	(1) Corr	(2) D_Tone	(3) Corr
D_Tone			−0.015***
			(−10.83)
Same_Indep	0.013***	−0.009***	0.013***
	(3.77)	(−6.23)	(3.72)
D_Size	−0.033***	−0.002***	−0.033***
	(−86.99)	(−14.78)	(−86.85)
D_Roa	−0.084***	0.211***	−0.076***
	(−31.05)	(190.65)	(−27.35)
D_Lev	0.027***	0.022***	0.027***
	(21.15)	(44.52)	(21.35)
D_Age	−0.002***	0.001***	−0.002***
	(−10.62)	(9.35)	(−10.53)
D_CFO	−0.016***	−0.032***	−0.017***
	(−5.52)	(−27.80)	(−5.97)
D_Mtb	−0.055***	0.019***	−0.055***
	(−49.15)	(42.23)	(−49.09)
D_Boardsize	−0.006***	−0.001**	−0.006***
	(−5.18)	(−2.12)	(−5.23)
D_Share	−0.004***	−0.000***	−0.004***
	(−22.04)	(−6.22)	(−22.06)
D_IC	−0.003***	0.006***	−0.003***
	(−23.74)	(109.39)	(−23.17)
Dual	0.020***	−0.005***	0.020***
	(37.53)	(−23.99)	(37.51)
Soe	−0.016***	−0.000	−0.016***
	(−29.30)	(−0.47)	(−29.16)
_cons	0.155***	0.104***	0.156***
	(29.18)	(49.23)	(29.42)
N	3 418 346	3 412 513	3 412 513
Adj_R²	0.263	0.034	0.263

注：***表示1%水平上显著相关；**表示5%水平上显著相关；*表示10%水平上显著相关；括号内为T值。

第五节 稳健性检验

一、替换被解释变量

根据以往的研究，公司对之间股价变动情况，除了采用公司对之间个股收益率的相关系数度量，还可以采用公司对之间的个股同向变动情况来衡量。具体来讲，如果在相同的周内，公司对之间的个股周收益率朝同一个方向变动（同升或者同降），则可以看作股价同步变动。然后计算年度内股价同升或者同降的次数，用年度的周数进行标准化。在实际计算过程中，考虑到节假日、停牌活动，实际计算时的周数可能小于自然年度的周数。通过模型8-5计算得到另一种公司之间股价联动的指标，即 Fre。将 Fre 作为被解释变量，带入模型8-1中进行稳健性检验。检验结果如表8-9所示。从中可以看出，替换被解释变量之后，独立董事联结与股价联动的系数为0.007，在1%的水平上具有统计意义的显著性，说明独立董事联结会引起联结公司之间的股价联动。其他控制变量的系数与显著性均未发生较大变化。假设8-1得到验证。

表8-9　　　　　　　　　　替换被解释变量

	(1) Fre
$Same\_Indep$	0.007***
	(6.95)
D_Size	−0.021***
	(−191.72)
D_Roa	−0.113***
	(−114.37)
D_Lev	0.004***
	(12.13)
D_Age	−0.002***
	(−36.48)

续表

	(1) Fre
D_CFO	−0.054***
	(−63.23)
D_Mtb	−0.029***
	(−88.97)
D_Boardsize	−0.006***
	(−19.92)
D_Share1	−0.002***
	(−33.08)
D_IC	−0.003***
	(−82.61)
Dual	0.002***
	(14.11)
Soe	0.010***
	(65.81)
_cons	0.680***
	(449.10)
N	3 418 346.000
Adj_R^2	0.134

注：*** 表示1%水平上显著相关；** 表示5%水平上显著相关；* 表示10%水平上显著相关；括号内为T值。

二、公司之间其他信息渠道的影响

如果公司的年报"管理层讨论与分析"文本相似性来自独立董事联结而非其他信息渠道，那么在联结关系建立之前或者联结关系断裂之后，公司间的年报"管理层讨论与分析"文本相似性就会减弱甚至消失。为了排除独立董事联结引起的年报"管理层讨论与分析"文本内容的模仿效应是受到其他信息渠道的干扰，本研究检验了独立董事联结关系建立之前或者断裂之后联结公司之间的股价联动情况，见模型8-16和模型8-17。

$$Corr_{i,j,t} = \alpha_0 + \alpha_1 Before\_Link_{i,j,t} + \alpha_2 D\_Size_{i,j,t} + \alpha_3 D\_Roa_{i,j,t} + \alpha_4 D\_Lev_{i,j,t} + \alpha_5 D\_Mtb_{i,j,t} + \alpha_6 D\_Age_{i,j,t} + \alpha_7 D\_CFO_{i,j,t}$$

$$+ \alpha_8 D\_Boardsize_{i,j,t} + \alpha_9 D\_Share1_{i,j,t} + \alpha_{10} D\_IC_{i,j,t} + \sum Ind$$
$$+ \sum Year + \varepsilon_{i,j,t}$$

(模型 8-16)

$$Corr_{i,j,t} = \alpha_0 + \alpha_1 After\_Link_{i,j,t} + \alpha_2 D\_Size_{i,j,t} + \alpha_3 D\_Roa_{i,j,t}$$
$$+ \alpha_4 D\_Lev_{i,j,t} + \alpha_5 D\_Mtb_{i,j,t} + \alpha_6 D\_Age_{i,j,t} + \alpha_7 D\_CFO_{i,j,t}$$
$$+ \alpha_8 D\_Boardsize_{i,j,t} + \alpha_9 D\_Share1_{i,j,t} + \alpha_{10} D\_IC_{i,j,t}$$
$$+ \sum Ind + \sum Year + \varepsilon_{i,j,t}$$

(模型 8-17)

以 2013—2019 年同行业中存在独立董事联结的公司作为研究样本，对于缺失数据的年份将数据补齐。例如，公司 A 和公司 B 在 2017 年存在独立董事联结，样本中只有 2017 年公司 A—B 联结的数据，为了找到联结关系建立之前和断裂之后的样本，利用 Stata 命令将缺失的年份的数据补齐。2013—2016 年公司 A—B 并未建立联结，于是 $Before\_Link$ 取值为 1，而 2017 年建立了联结，$Before\_Link$ 取值为 0。2019 年联结关系断裂，$Before\_Link$ 也取值为 0；类似地，2018 年联结关系断裂，则 $After\_Link$ 取值为 1，而联结关系断裂之前的样本取值为 0。回归结果如表 8-10 所示。从表 8-10 第(1)列可以看出，在独立董事联结关系建立之前，两公司的股价呈现出一定程度的联动效应，具体来看，系数为 0.015，在 5% 的水平上显著相关。虽然公司对在独立董事联结建立之前有一定程度的股价联动，但系数和显著性均低于独立董事联结建立后的股价联动，说明独立董事联结关系增强了公司对之间的股价联动。从表 8-10 第(2)列可以看出，独立董事联结关系断裂后，两公司股价联动的系数为 -0.019，在 1% 的水平上具有统计意义的显著性，说明独立董事联结关系断裂之后，公司对之间的股价联动效应显著降低。以上结论均说明，独立董事联结公司之间的股价联动是独立董事联结产生的作用，而非其他信息渠道的影响。

表 8-10　　　　　　　　　　剔除其他联结渠道的影响

	(1) Corr	(2) Corr
$Before\_Link$	0.015**	
	(1.96)	
$After\_Link$		−0.019***
		(−3.42)
D_Size	−0.037***	−0.037***
	(−5.00)	(−4.98)
D_Roa	−0.027	−0.027
	(−0.58)	(−0.57)
D_Lev	−0.005	−0.005
	(−0.23)	(−0.21)
D_Age	−0.005	−0.006
	(−1.50)	(−1.58)
D_CFO	−0.064	−0.065
	(−1.20)	(−1.24)
D_Mtb	−0.048**	−0.047**
	(−2.37)	(−2.35)
$D\_Boardsize$	−0.018	−0.017
	(−0.89)	(−0.86)
D_Share1	−0.004	−0.004
	(−1.29)	(−1.36)
D_IC	−0.005**	−0.005**
	(−2.30)	(−2.32)
$Dual$	0.027**	0.026**
	(2.55)	(2.46)
Soe	−0.014*	−0.012*
	(−1.87)	(−1.65)
$\_cons$	0.288***	0.299***
	(3.31)	(3.43)
N	8 339	8 339
Adj_R^2	0.409	0.409

注：*** 表示 1% 水平上显著相关；** 表示 5% 水平上显著相关；* 表示 10% 水平上显著相关；括号内为 T 值。

三、企业集团的影响

如果存在独立董事联结的企业同属于一个企业集团,则二者产生年报"管理层讨论与分析"文本相似很有可能是因为同一个企业集团被外界视为一个整体,而不是因为独立董事联结信息传递的结果,即独立董事联结对股价联动的影响存在替代性解释。为了避免企业集团对结论产生干扰,本研究剔除了样本中被同一个第一大股东持股的公司对,重新对模型 8-1 进行回归分析。从表 8-11 的结果不难看出,剔除了被同一个第一大股控制的公司对之后,独立董事联结与股价联动之间的系数为 0.013,在 1% 的水平上具有统计意义的显著性,说明剔除企业集团的影响后,独立董事联结仍然能引发股价联动。也即,独立董事联结公司之间的股价联动与独立董事这一信息渠道有关,而非受企业集团的影响。

表 8-11　　　　　　　　　剔除企业集团的影响

	(1) Corr
$Same\_Indep$	0.013***
	(3.74)
D_Size	−0.033***
	(−86.99)
D_Roa	−0.084***
	(−31.04)
D_Lev	0.027***
	(21.15)
D_Age	−0.002***
	(−10.61)
D_CFO	−0.016***
	(−5.51)
D_Mtb	−0.055***
	(−49.14)
$D\_Boardsize$	−0.006***
	(−5.19)

续表

	(1) Corr
D_Share1	−0.004***
	(−22.02)
D_IC	−0.003***
	(−23.72)
Dual	0.020***
	(37.53)
Soe	−0.016***
	(−29.38)
_cons	0.155***
	(29.18)
N	3 417 860
Adj_R²	0.263

注：***表示1%水平上显著相关；**表示5%水平上显著相关；*表示10%水平上显著相关；括号内为T值。

四、互为因果的内生性问题

由于独立董事联结与股价联动之间存在另外一种解释，即不是因为独立董事联结引发了股价联动，而是股价发生联动的公司更倾向于选择同一个独立董事，存在互为因果的内生性问题。在社会网络的研究中，不可避免地会出现各观测值不相互独立的情况，用常规的统计程度很难进行参数估计。因为标准统计程度的一个前提是各观测值能够相互独立，否则会计算出错误的标准差。因此，最常见的方法是采用QAP分析克服观测值不相互独立的问题。QAP是一种以重新抽样为基础的方法，已经在社会网络研究中得到广泛应用，其研究对象都是"关系"数据（刘军，2009）。

本研究选择2013—2019年的样本作为研究样本，剔除金融类、ST上市公司，通过如下方式得到"独立董事联结"关系矩阵及"股价联动"关系矩阵，关系矩阵都采用N×N方阵的形式。

变量定义如下。

(1)股价联动($Pair\_Cov$)，比较2013—2019年同行业任意两家公司周个股收益率的相关系数,与同行业、同年度公司股价联动的中位数之间的关系,如果该公司对的股价联动系数大于同行业、同年度公司股价联动的中位数,则 $Pair\_Cov$ 取值为 1,否则为 0。(2)独立董事联结($Pair\_Link$),2013—2019 年同行业任意两家公司之间存在相同的独立董事,则 $Pair\_Link$ 取值为 1,否则为 0。

具体处理过程如下:第一步,将 Excel"公司—公司—相同独立董事"关系数据导入 UCINET 软件,保存为"公司—公司"一模矩阵(1-mode),即任职关系矩阵,矩阵元素包括 1 和 0 两种,1 表示公司之间存在独立董事联结关系,0 表示公司之间不存在独立董事联结关系,矩阵为 3 237 行×3 237 列的方阵,实际运算中有 10 474 932(3 237×3 236)个数据;第二步,将 Excel"公司—公司—股价联动"关系数据导入 UCINET,保存为"公司—公司"一模(1-mode)矩阵,即股价联动矩阵,矩阵元素也包括 1 和 0,1 表示公司之间股价存在较高程度的联动,0 表示公司之间股价存在较低程度的联动,矩阵为 3 237 行×3 237 列的方阵,实际运算中有 10 474 932(3 237×3 236)个数据;第三步,使用 UCINET 软件中的 QAP 分析程序,分别导入股价联动矩阵与任职关系矩阵,进行 QAP 分析,得到表 8-12 所示的分析结果。

从表 8-12 可以看出,企业间独立董事联结的系数为正,并在 1% 的水平上显著,说明独立董事联结关系确实对股价联动产生了影响,与前文结果一致。假设 8-1 得到验证。

表 8-12　QAP 回归分析结果

变量	非标准化系数	标准化系数	P 值
Constant	0.089 437	0.000	—
$Pair\_Link$	0.046 639	0.047 069	0.005
N	10 474 932	10 474 932	
Adj_R^2	0.002	0.002	

第六节　本章小结

中国股票市场的股价联动是投资者十分关注的重要议题,针对个股与同行业股价同步变动的现象,已有研究从资本市场制度层面、公司信息层面及信息中介的作用层面进行了讨论。两两公司之间的股价联动主要分为分类观、信息观与偏好观。社会网络理论的发展为股价联动现象提供了新的解释。基于独立董事兼任建立的社会网络,公司嵌入了社会网络之中。对于社会网络导致的股价联动,陆贤伟等(2013),陈运森、郑登津(2018),都是基于私有信息传递进行解读,本研究讨论了独立董事联结对信息披露行为的影响,即能够引发年报"管理层讨论与分析"文本的模仿效应。那么,从外部信息角度能否导致股价联动,是一个易被忽视却更加直观的话题。

  本章通过对独立董事联结与股价联动的关系进行考察发现,独立董事联结能够带来股价联动,而独立董事背景不同,获取信息及提供规范性认知的能力不同,有财务背景的独立董事、处于网络中心位置的独立董事更能够促进年报"管理层讨论与分析"文本内容的模仿效应,从而公司间的股价联动更明显。本章进一步进行了中介效应检验,发现年报"管理层讨论与分析"文本相似性、年报"管理层讨论与分析"语言特征相似性都在独立董事联结与股价联动之间起到了中介作用,说明了外部披露信息的相似性是影响股价联动的另一个重要机制。本研究无论对关注联结公司的年报"管理层讨论与分析"文本模仿效应,还是对资本市场的股价联动,都具有重要意义。

第九章　研究结论、启示与政策建议

第一节　研究结论

虽然随着计算机文本挖掘技术、自然语言处理技术的发展，国内外对年报"管理层讨论与分析"文本信息的研究大量涌现，也兴起了很多有意义的研究，但研究视角多局限于理性经济人假设下的委托代理问题，对社会网络下的年报"管理层讨论与分析"文本信息披露情况很少涉及。而从监管层面到研究学界对文本信息模板化、相似性的探讨，说明年报"管理层讨论与分析"文本信息披露的研究还有其他可以考察的视角。实践中也不乏上市公司模仿年报"管理层讨论与分析"文本信息披露的情况。独立董事兼任关系建立的社会网络是企业最常见的网络之一，而且基于独立董事兼任形成的弱联结关系成为企业之间传递私有信息的纽带，况且独立董事还是董事会的重要职位，其可以通过参与董事会下设委员会参与信息披露决策，因而独立董事兼任是检验年报"管理层讨论与分析"文本信息模仿的理想场景。

本研究以中国上市公司为背景，以社会网络理论、关系认同理论、社会互动理论、组织间行为模仿理论、制度理论为基础，分析了独立董事联结引发企业间模仿的机理，并从年报"管理层讨论与分析"文本完整性、年报"管理层讨论与分析"文本相似性、年报"管理层讨论与分析"文本特征三个方面考察独立董事联结引发的年报"管理层讨论与分析"文本模仿效应，并进一步探讨了联结公司年报"管理层讨论与分析"文本模仿在资本市场产生的结果，即联结公司之间的信息传递增加了相似性信息，从而引起了股价联动。本研究的主要结论如下。

（1）独立董事联结能引起年报"管理层讨论与分析"文本完整性的模仿

第九章 研究结论、启示与政策建议

效应,当联结公司为同行业年报"管理层讨论与分析"文本披露完整的公司时,目标公司很容易见贤思齐,提高年报"管理层讨论与分析"文本完整性。上市公司信息透明度越低,独立董事的规范性认知发挥的作用越明显;地区社会信任水平越高,模仿效应越明显。进一步分析独立董事联结的频率和强度后发现,当目标公司与多个年报"管理层讨论与分析"文本披露完整的公司联结或者与年报"管理层讨论与分析"文本披露完整的公司存在多个相同独立董事时,模仿效应越明显。

(2) 独立董事联结能引起年报"管理层讨论与分析"文本内容的模仿效应。若同行业任意两家公司构成的公司对之间存在相同独立董事,则该公司对之间的年报"管理层讨论与分析"文本相似度更高。独立董事财务背景、网络中心度能增强公司对之间的年报"管理层讨论与分析"文本相似性。从内容角度来看,公司对之间的年报"管理层讨论与分析"文本模仿,更多的是对"对未来发展进行展望"这类前瞻性信息的模仿,而非对"对主要经营情况进行回顾"这类历史性信息的模仿。相比于历史性信息的确定性,前瞻性信息具有更大的不确定性,这也说明独立董事联结所具有的信息传递、关系认同等作用是公司外部环境不确定性的选择。

(3) 独立董事联结能引起年报"管理层讨论与分析"文本特征的模仿效应。若同行业任意两家公司构成的公司对之间存在相同的独立董事,则公司对之间的年报"管理层讨论与分析"文本语调更加相似。外部环境不确定性会增加年报积极语调的风险,从而加剧联结公司之间的模仿效应;正式信息渠道会减弱独立董事联结这一私有信息渠道的影响,从而减弱联结公司之间的模仿效应。进一步分析发现,语调的模仿效应还受公司异质性特征的影响,融资约束程度高、成长性水平高的公司,更容易模仿联结公司的年报语调。

(4) 独立董事联结的公司之间能够形成股价联动,这一现象不是投资者对独立董事这一联结关系进行分类的结果,而是投资者对联结关系传递出的相似信息进行吸收、交易的结果。本研究进一步分析了独立董事联结强度与财务背景对股价联动的影响。中介效应检验发现,独立董事联结引起的年报"管理层讨论与分析"文本模仿效应在独立董事联结公司之间的股价联动中起到了部分中介作用。这验证了本研究的思路,从外部信息披露角度提供了一个解读公司之间股价联动的视角。

第二节 研究启示

第一,企业应该重视整合社会网络中的信息、资源,化解环境不确定性带来的风险。本研究及以往的研究显示,企业并非独立的个体,而是社会网络中的一部分,独立董事的联结纽带能够分享信息,使企业之间形成认同。聘请其他公司的董事(或者独立董事)兼任本公司的独立董事,是企业嵌入社会网络的有效途径。独立董事是专业人员,通过参与董事会决议,其能够对公司政策形成很好的理解,兼任职能又能够帮助其获得更多的私有信息。

第二,市场参与者,尤其是有一定能力的中介机构,应该重视普遍存在的独立董事兼任现象。本研究的理论分析和经验证据表明,企业派出或者聘请独立董事不仅仅是为了满足中国《上市公司治理准则》中关于公司治理的要求,还是为了满足企业加入社会网络、获取私有信息的社会需求。存在独立董事联结的公司之间基本面信息更为相似,表现在年报"管理层讨论与分析"文本披露中,则是年报"管理层讨论与分析"文本完整性、文本内容及文本语言特征具有相似性。因此,市场参与者在考察企业经营情况时,应该充分结合年报"管理层讨论与分析"部分的文字表述,同时也关注到公司对之间年报"管理层讨论与分析"文本信息的相似性,综合判断公司的经营情况,从而做出更加准确的市场预测。

第三节 政策建议

一、监管层面

从监管角度来看,对年报文本信息披露质量的监管要求几乎空白,仅有《信息披露准则——年报内容与格式》中"语言表述平实,清晰易懂,力戒空洞、模板化"的要求,这就导致上市公司的"管理层讨论与分析"信息披露参差不齐。对年报"管理层讨论与分析"内容完整性指标进行整理时发现,上市公司在年报"管理层讨论与分析"文本信息披露时暴露出了很多问题,在内容和规范的要求上,有的没有按标题列示;有的虽然有标题,但没有按照《信息披露准则——年报内容与格式》的要求列示;有的直接缺少某一部分信息。在对信息进行比对后发现,能够披露完这四部分信息,已经难能可贵。

当然,基于中文语义的复杂性,加上上市公司经营情况的复杂性,对全部上市公司的信息披露进行统一要求并不现实,也难免陷入模板披露的另一个极端,因此,合理选择标准至关重要。对于年报"管理层讨论与分析"文本内容的合法性问题,通过本研究,笔者可以给出的政策建议是,监管部门可以对比行业披露的共性内容,制定行业信息披露的一般制度,加强对共性信息的合法性要求;同时,关注不同公司所特有的商业信息,完善商业秘密等信息的豁免申请。此外,本研究认为,独立董事的声誉机制和社会学习对年报"管理层讨论与分析"文本起到了约束作用,并促进了兼任公司之间的模仿,产生"见贤思齐"的结果。中国证监会等监管部门在实际监管法规出台的过程中,应重视独立董事的作用,从立法层面提供独立董事在信息披露方面职责履行的依据,制定独立董事对年报"管理层讨论与分析"信息披露的工作重点,使得对年报"管理层讨论与分析"文本信息的规范通过独立董事的兼任纽带进行扩散,产生事半功倍的结果。

二、上市公司层面

企业应该重视同行业其他公司的信息披露决策,克服外部环境不确定等不利因素,降低信息披露的不确定性。上市公司的外部经营环境、政策环境具有很大的不确定性,加上信息披露的外部性,都会增加公司信息披露的难度。本研究表明,企业之间确实存在年报"管理层讨论与分析"文本的模仿效应,而且在文本的规范性、文本内容、文本特征等方面均有体现。这说明公司可以有选择地通过独立董事联结获取关于信息披露的专业性建议,降低信息披露决策过程和后果带来的不确定性。

企业应该重视兼任独立董事的角色,通过整合社会网络中的信息、资源来化解环境不确定性带来的风险。本研究及以往的研究显示,独立董事联结能够形成社会网络,企业基于联结关系形成网络嵌入性。作为网络中的关系纽带,兼任独立董事能够分享信息,使企业之间产生认同。公司之间的会计政策、财务决策等行为都能够通过独立董事联结渠道获取。本研究表明,年报"管理层讨论与分析"这部分内容的规范性、内容及语言特征也能够通过独立董事学习并进行规范。因此,在外部环境不确定及合法性要求下,通过独立董事传递的信息,能够帮助上市公司对公司行为的规范性及行为后果形成很好的理解。企业应该重视兼任独立董事的作用,聘请专业性强、网络中心度高的独立董事。

三、资本市场层面

市场参与者,尤其是有能力的资本市场中介机构,应该重视普遍存在的独立董事兼任现象。本研究的理论分析和经验证据表明,企业派出或者聘请独立董事不仅仅是为了满足中国《上市公司治理准则》中关于公司治理的要求,还是为了满足公司加入社会网络、获取私有信息的社会需求。市场参与者在考察公司经营情况时,应该关注独立董事兼任现象,关注公司对之间的年报"管理层讨论与分析"文本信息相似引起的股价联现象,综合判断公司的经营情况,从而做出更加准确的预测。

第四节 研究的不足与展望

一、研究的不足之处

虽然笔者基于国内独立董事兼任现象,研究了兼任关系对年报"管理层讨论与分析"文本内容的影响,丰富了年报"管理层讨论与分析"文本信息披露的研究,为独立董事联结的信息传递后果提供了新的证据,但由于主客观的原因,本研究仍存在以下不足。

(1) 为了体现独立董事联结与年报"管理层讨论与分析"文本完整性的模仿效应,本研究采用上市公司在年报"管理层讨论与分析""未来发展展望部分"考察年报"管理层讨论与分析"文本信息披露的完整性,以"行业发展前景""公司发展战略""公司经营计划""公司可能面临的风险"四部分内容作为年报"管理层讨论与分析"信息披露完整性的度量指标。这一指标的设计存在一定的简化问题。笔者通过CNRDS及计算机文本挖掘技术搜集到了年报"管理层讨论与分析"这部分文本信息,但是上市公司的信息披露问题五花八门:有的没有按标题列示;有的虽然有标题,但没有按照《信息披露准则——年报内容与格式》的要求列示;有的直接缺少某一部分信息。在对信息进行比对后发现,能够披露完这四部分信息已经难能可贵。如果加上对"对主要经营情况进行回顾"的要求,势必为文本搜集工作增加难度,限于人力、时间成本,本研究在这一指标上存在简化的情况。后续可以参考其他文献进一步丰富这一指标。

(2) 本研究选取了年报"管理层讨论与分析"文本完整性、年报"管理层讨论与分析"文本内容及年报"管理层讨论与分析"文本特征作为年报"管理层讨论与分析"文本研究的三个层面,但从现有文献不断涌现的度量指标来看,年报"管理层讨论与分析"文本不仅限于这三个层面,还存在某一类文本信息,如研发信息、环境信息、社会责任信息等具体信息披露带来的影响,仍有很多文本信息值得研究。

(3) 虽然本研究得出了独立董事联结能够引发年报"管理层讨论与分析"文本模仿效应,且在特定条件下,这种模仿效应会带来"见贤思齐"的结果,但不可否认,如果联结公司利用年报文本信息监管上的漏洞来隐藏信息,目标公司可能也会"同流合污"。限于篇幅及结构安排,本研究尚未开展对后者的考察,有待于日后对该问题进行深入研究。

(4) 针对可能存在的内生性问题,本研究通过采用社会网络QAP分析方法、排除替代性解释、更换被解释变量的方式进行了稳健性检验,但仍然无法保证本研究完全没有内生性问题。

二、研究展望

由于存在上述局限,笔者认为后续可以从以下方面展开研究。

(1) 采用更加全面的度量方式考察年报"管理层讨论与分析"文本披露的完整性,同时,鉴于年报"管理层讨论与分析"文本完整性是年报"管理层讨论与分析"文本信息披露十分重要的指标,后续可以展开年报"管理层讨论与分析"文本披露完整性的影响因素与经济后果研究。

(2) 聚焦于某一类信息披露的动机,关注某一类信息披露及其模仿效应的研究。已有研究认为,企业环境信息披露存在模仿效应,那么其他信息内容,比如企业研发信息披露是否存在模仿效应,以及这类信息模仿的动机,值得进一步研究。

(3) 联结的独立董事若能够发挥监督作用,将是资本市场信息的筛选机制,促进良性信息传递,起到良好的社会效应。但如果独立董事只注重私有信息传递,弱化监管职能,则有可能产生近朱者赤、近墨者黑的后果。后续进一步从公司行为是否违规考察兼任独立董事的职能发挥将具有重要的价值。

(4) 独立董事联结是一种联结渠道,与其他联结渠道(如审计师联结)之间是什么关系?因为独立董事联结公司更倾向于聘请相同的审计师(陈仕华和马超,2012),所以独立董事联结公司有更大的可能形成审计师联结,二者在年报"管理层讨论与分析"文本披露模仿上的关系值得进一步研究。

参考文献

Adler S, Kwon S. Social capital: Prospects for a new concept [J]. *Academy of Management Review*, 2002, 27(1):17-40.

Admati A, Pfleiderer P. A theory of intraday patterns: Volume and price variability [J]. *Review of Financial Studies*, 1988, 1(1):3-40.

Aerts W, Cormier D, Magnan M. Intra-industry imitation in corporate environmental reporting: an international perspective [J]. *Journal of Accounting and Public Policy*, 2006, 25(3):299-331.

Aerts W, Walter I. On the use of accounting logic as an explanatory category in narrative accounting disclosures [J]. *Accounting, Organizations & Society*, 1994, 19(4):337-353.

Agrawal A, Knoeber C. Do some outside directors play a political role? [J]. *Journal of Law and Economics*, 2001, 44(1):179-198.

Andersson U, Forsgren M, Holm U. The strategic impact of external networks: subsidiary performance and competence development in the multinational corporation [J]. *Strategic Management Journal*, 2002, 23(11):979-996.

Armstrong C, Guay W, Weber J. The role of information and financial reporting in corporate governance and debt contracting [J]. *Journal of Accounting and Economics*, 2010, 50(2):179-234.

Bao Y, Datta S. Simultaneously discovering and quantifying risk types from textual risk disclosures [J]. *Management Science*, 2014, 60(6):1371-1391.

Barberis N, Shleifer A, Wurgler J. Comovement [J]. *Journal of Financial Economics*, 2005, 75(2):283-317.

Barker V, Mueller G. CEO characteristics and firm R&D spending [J]. *Management Science*, 2002, 48(6):782-801.

Baum C, Caglayan M, Ozkan A, Talavera O. The impact of macroeconomic uncertainty on non-financial firms' demand for liquidity [J]. *Review of Financial Economics*, 2006, 15(4):289-304.

Becker M, Murphy K. *Social Economics* [M]. Cambridge, Mass: Harvard University Press, 2000.

Bochkay K, Levine A. Using MD&A to improve earnings forecasts [J]. *SSRN Electronic Journal*, 2013.

Booth J, Deli D. On executives of financial institutions as outside directors [J]. *Journal of Corporate Finance*, 1999, 5(3): 227–250.

Breitbarth T, Harris L, Insch A. Pictures at an exhibition revisited: reflections on a typology of images used in the construction of corporate social responsibility and sustainability in non-financial corporate reporting [J]. *Journal of Public Affairs*, 2010, 10(4): 238–257.

Brochet F, Naranjo A, Yu Y. Causes and consequences of linguistic complexity in non-U.S. firm conference calls [J]. *SSRN Electronic Journal*, 2012.

Brockman P, Li Y, Price S. Do managers put their money where their mouths are? Evidence from insider trading after conference calls [J]. *SSRN Electronic Journal*, 2013.

Bryan S. Incremental information content of required disclosures contained in management discussion and analysis [J]. *The Accounting Review*, 1997, 72(2): 285–301.

Bushee B, Core J, Guay W, Hamm S. The role of the business press as an information intermediary [J]. *Journal of Accounting Research*, 2010, 48(1): 1–19.

Cai Y, Dhaliwal D, Kim Y, Pan C. Board interlocks and the diffusion of disclosure policy [J]. *Review of Accounting Studies*, 2014, 19(3): 1086–1119.

Carmeli A, Atwater L, Levi A. How leadership enhances employees' knowledge sharing: the intervening roles of relational and organizational identification [J]. *Journal of Technology Transfer*, 2011, 36(3): 257–274.

Carpenter V, Feroz E. Institutional theory and accounting rule choice: an analysis of four US state governments' decisions to adopt generally accepted accounting principles [J]. *Accounting, Organizations and Society*, 2001, 26: 565–596.

Cheng H, Du F, Wang Y, Wang Y. Seeing is believing: analysts' corporate site visits [J]. *Review of Accounting Studies*, 2016, 21(4): 1245–1286.

Chiu Y, Teoh S, Tian G. Board interlocks and earnings management contagion [J]. *The Accounting Review*, 2013, 88(3): 915–944.

Chychyla R, Leone A, Minutti-Meza M. Complexity of financial reporting standards and accounting expertise [J]. *Journal of Accounting and Economics*, 2019, 67(1): 226–253.

Cooper D. Dissimilarity and learning in teams: the role of relational identification and value dissimilarity [J]. *International Journal of Intercultural Relations*, 2013, 37(5): 628–642.

Coval J, Moskowitz T. Home bias at home: local equity preference in domestic portfolios [J]. *Journal of Finance*, 2010, 54(6): 2045–2073.

Cyert R, March J. *A Behavioral Theory of the Firm* [M]. New York: Prentice-Hall, 1963.

Davis I, Tama-Sweet E. Managers' use of language across alternative disclosure outlets: earnings press releases versus MD&A [J]. *Contemporary Accounting Research*, 2012, 29: 804–837.

De Franco G. MD&A textual similarity and auditors [J]. *Auditing: A Journal of Practice & Theory*, 2020, 39(3): 105–131.

Deegan C, Gordon B. A study of environmental disclosure practices of Australian corporations [J]. *Accounting and Business Research*, 1996, 26(3): 187–199.

DiMaggio P, Powell W. The iron cage revisited: institutional isomorphism and collective rationality in organizational fields [J]. *American Sociological Review*, 1983, 48(2): 147–160.

Dye R, Sridhar S. Resource allocation effects of price reactions to disclosures [J]. *Contemporary Accounting Research*, 2002, 19(3): 385–410.

Dye R. Mandatory versus voluntary disclosures: the cases of financial and real externalities [J]. *The Accounting Review*, 1990, 65(1): 1–24.

Ellison G, Fudenberg D. Word-of-mouth communication and social learning [J]. *The Quarterly Journal of Economics*, 1995, 110(1): 93–125.

Fama E F. Efficient capital markets: A review of theory and empirical work [J]. *Journal of Finance*, 1970, 25(2): 383–417.

Fama E F. Separation of ownership and control [J]. *Journal of Law and Economics*, 1983, 2(36): 301–325.

Feldman S, Suresh J, Benjamin J. Management's tone change, post earnings announcement drift and accruals [J]. *Journal of Accounting Research*, 2010, 15(4): 915–953.

Fich E M, Shivdasani A. Financial fraud, director reputation, and shareholder wealth [J]. *Journal of Financial Economics*, 2006, 86(2): 306–336.

Fich E M. Are some outside directors better than others? Evidence from director appointments by Fortune 1000 firms [J]. *Journal of Business*, 2005, 78(5): 1943–1971.

Filzen R, Schutte K. Comovement, financial reporting complexity, and information markets: Evidence from the effect of changes in 10-Q lengths on internet search volumes and peer correlations [J]. *The North American Journal of Economics and Finance*, 2017, 39: 19–37.

Fracassia M. Corporate finance policies and social networks [J]. *Management Science*, 2017, 63(8): 2420–2438.

Freeman L C, Roeder D, Mulholland R. Centrality in social networks: II. Experimental results [J]. *Social Networks*, 1979, 2(2): 119–141.

Granovetter M. Economic action and social structure: The problem of embeddedness [J]. *American Journal of Sociology*, 1985, 91(3): 481–510.

Granovetter M. The impact of social structure on economic outcomes [J]. *Journal of Economic Perspectives*, 2005.

Granovetter M. The strength of weak ties [J]. *The American Journal of Sociology*, 1973, 78(6): 1360–1380.

Green T C, Hwang C. Price-based return comovement [J]. *Journal of Financial Economics*, 2009, 93(1): 37–50.

Güner A, Malmendier U, Tate G. Financial expertise of directors [J]. *Journal of Financial Economics*, 2008, 88(2): 323–354.

Hall E J, Murphy K J. The trouble with stock options [J]. *Journal of Economic*

Perspectives, 2003,17(3):49-70.

Han J, Bose I, Hu Q, Tian G. Does director interlock impact corporate R&D investment? [J]. *Decision Support Systems*, 2015,71:28-36.

Han J, Hu Q, Liu Y, Tian G. Does director interlock impact the diffusion of accounting method choice? [J]. *Journal of Accounting and Public Policy*, 2017,36(4):316-334.

Haunschild P R, Beckman C M. When do interlocks matter?: Alternate sources of information and interlock influence [J]. *Administrative Science Quarterly*, 1998,43(4):815-844.

Haunschild P R, Miner A S. Modes of interorganizational imitation: The effects of outcome salience and uncertainty [J]. *Administrative Science Quarterly*, 1997,42(3):472-500.

Haunschild P R. Interorganizational imitation: The impact of interlocks on corporate acquisition activity [J]. *Administrative Science Quarterly*, 1993,38(4):564-592.

Heider F. *The Psychology of Interpersonal Relations* [M]. New York: Wiley Press, 1958.

Hilary G, Hsu P H, Wang C. Management forecast consistency [J]. *Journal of Accounting Research*, 2014,52(1):163-191.

Huang A, Teoh S H, Zhang J. Tone management [J]. *Accounting Review*, 2014,89(3):1083-1113.

Huber G P. Organizational learning: The contributing processes and the literatures [J]. *Organization Science*, 1991,2(1):88-115.

Jegadeesh N, Wu D. Word power: A new approach for content analysis [J]. *Journal of Financial Economics*, 2013,110(3):712-729.

Jensen M C, Meckling W H. Theory of the firm: Managerial behaviour, agency costs and ownership structure [J]. *Journal of Financial Economics*, 1976,3(4).305-360.

John G. Understanding the cross-level embeddedness of inter-firm partnership formation [J]. *Academy of Management Review*, 2006,31(3):670-680.

Johnston D, Zhang Z. Auditor style and financial reporting similarity [R]. *SSRN Working Paper*, 2018.

Khanna T. Synchronicity and firm interlocks in an emerging market [J]. *Journal of Financial Economics*, 2009,92(2):182-204.

Kilduff M, Tsai W. *Social Networks and Organizations* [M]. London: Sage Publications Ltd, 2003.

Kravet T, Muslu V. Textual risk disclosures and investors' risk perceptions [J]. *Review of Accounting Studies*, 2013,18(4):1088-1122.

Lakshmi S. Past, present and future research on multiple identities: Toward an intrapersonal network approach [J]. *Academy of Management Annals*, 2014,8(1):589-659.

Lamertz K, Martens M. How do we make you look good? A social network study of upstream organizational impression management and the rhetorical construction of IPO firm images [J]. *Canadian Journal of Administrative Sciences*, 2011,28(4):373-387.

Li F. Annual report readability, current earnings, and earnings persistence [J]. *Journal of Accounting and Economics*, 2008,45(2-3):221-247.

Li F. Textual analysis of corporate disclosure: A survey of the literature [J]. *Journal of*

Accounting Literature, 2010, 29:143-165.

Li F. The information content of forward-looking statements in corporate filings: A naïve bayesian machine learning approach [J]. *Journal of Accounting Research*, 2010, 48(5): 1049-1102.

Lieberman M B, Asaba S. Why do firms imitate each other? [J]. *The Academy of Management Review*, 2006, 31(2):366-385.

Lin N. *Social Capital: A Theory of Social Structure and Action* [M]. Cambridge: Cambridge University Press, 2002.

Liu H, Sinclair T. Does the linkage between stock market performance and economic growth vary across Greater China? [J]. *Applied Economics Letters*, 2008, 15(7):505-508.

Loughran M, McDonald B. IPO first-day returns, offer price revisions, volatility, and Form S-1 language [J]. *Journal of Financial Economics*, 2013, 109(2):307-326.

Loughran M, McDonald B. When is a liability not a liability? Textual analysis, dictionaries, and 10-Ks [J]. *Journal of Finance*, 2011, 66(1):35-65.

Magee L. Industry-wide commonalities in earnings [J]. *Journal of Accounting Research*, 1974, 12(2):270-287.

Manski C F. Economic analysis of social interactions [J]. *Journal of Economic Perspectives*, 2000, 14(3):115-136.

Marcet A. Analyst coverage network and stock return comovement in emerging markets [J]. *Emerging Markets Review*, 2017, 32:1-27.

McKinstry A. Designing the annual reports of Burton PLC from 1930 to 1994 [J]. *Accounting Organizations & Society*, 1996, 21(1):89-111.

Menzly L, Ozbas O. Market segmentation and cross-predictability of returns [J]. *The Journal of Finance*, 2009, 65(4):1555-1580.

Meyer J W, Rowan B. Institutionalized organizations: Formal structure as myth and ceremony [J]. *American Journal of Sociology*, 1977, 83(2):340-363.

Meyer J W, Scott R W, Deal T E. Institutional and technical sources of organizational structure [J]. *Organizational Environments: Ritual and Rationality*, 1983, 7:45-67.

Milliken F J. Three types of perceived uncertainty about the environment: State, effect, and response uncertainty [J]. *Academy of Management Review*, 1987, 12(1):133-143.

Mizruchi M S. Who controls whom? An examination of the relation between management and boards of directors in large American corporations [J]. *Academy of Management Review*, 1983, 8(3):426-435.

Moskowitz T J, Grinblatt M. Do industries explain momentum? [J]. *The Journal of Finance*, 1999, 54(4):1249-1290.

Muslu V, Radhakrishnan S, Subramanyam K, Lim D. Forward-looking MD&A disclosures and the information environment [J]. *Management Science*, 2015, 61(5):931-948.

Nelson P, Pritchard A. Litigation risk and voluntary disclosure: The use of meaningful cautionary language [J]. *SSRN Electronic Journal*, 2007.

Pennebaker J W, King L A. Linguistic styles: Language use as an individual difference [J].

Journal of Personality and Social Psychology, 1999, 77(6): 1296-1312.

Pennebaker J W, Mehl M R, Niederhoffer K G. Psychological aspects of natural language use: Our words, our selves [J]. *Annual Review of Psychology*, 2003, 54(1): 547-577.

Pfeffer J. Size and composition of corporate boards of directors: The organization and its environment [J]. *Administrative Science Quarterly*, 1972, 17(2): 218-228.

Pindyck R S, Rotemberg J J. The comovement of stock prices [J]. *Quarterly Journal of Economics*, 1993, 108(4): 1073-1104.

Pirinsky R, Wang Q. Does corporate headquarters location matter for stock returns? [J]. *Journal of Finance*, 2006, 61(4): 1991-2015.

Ramirez J. Did J. P. Morgan's men add liquidity? Corporate investment, cash flow, and financial structure at the turn of the twentieth century [J]. *Journal of Finance*, 1995, 50(2): 661-678.

Richardson S, Tuna I, Wysocki P. Accounting for taste: Board member preferences and corporate policy choices [R]. *SSRN Working Paper*, 2003.

Rogers J, Buskirk A, Zechman S. Disclosure tone and shareholder litigation [J]. *The Accounting Review*, 2011, 86(6): 2155-2183.

Schleicher T, Hussainey K, Walker M. Loss firms' annual report narratives and share price anticipation of earnings [J]. *The British Accounting Review*, 2007, 39(2): 153-171.

Scott J. *Social Network Analysis: A Handbook*, 2nd edition [M]. London: Sage Publications Ltd, 2000.

Shivdasani A, Yermack D. CEO involvement in the selection of new board members: An empirical analysis [J]. *The Journal of Finance*, 1999, 54(5): 1829-1853.

Shleifer A, Barberis N. Style investing [J]. *Journal of Financial Economics*, 2003, 68(2): 161-199.

Shu P G, Yeh C C, Chiu H C, Yang Y C. Board external connectedness and earnings management [J]. *Asia Pacific Management Review*, 2015, 20(4): 265-274.

Sluss D M, Ashforth B E. Relational identity and identification: Defining ourselves through work relationships [J]. *The Academy of Management Review*, 2007, 32(1): 9-32.

Sluss D M, Ployhart R E, Cobb M, Ashforth B E. Generalizing newcomers' relational and organizational identifications: Processes and prototypicality [J]. *Academy of Management Journal*, 2012, 55(4): 949-975.

Steffens N K, Haslam S A, Reicher S D. Up close and personal: Evidence that shared social identity is a basis for the "special" relationship that binds followers to leaders [J]. *Leadership Quarterly*, 2014, 25(2): 296-313.

Steinbart P J. The auditor's responsibility for the accuracy of graphs in annual reports: Some evidence of the need for additional guidance [J]. *Accounting Horizons*, 1989, 3(3): 60-70.

Tarkovska. Busy boards, cash holdings and corporate liquidity: Evidence from UK panel data [C]. Paper presented at the European Financial Management Association Annual Conference, 2013.

Useem M. *The Inner Circle: Large Corporations and the Rise of Business Political Activity in the U. S. and U. K*［M］. New York: Oxford University Press, 1984.

Wang Y, Hussainey K. Voluntary forward-looking statements driven by corporate governance and their value relevance［J］. *Journal of Accounting and Public Policy*, 2013,32(3):26 - 49.

Wasserman S, Faust K. *Social Network Analysis: Methods and Applications*［M］. New York: Cambridge University Press, 1994.

Weisbach M S. Outside directors and CEO turnover［J］. *Journal of Financial Economics*, 1988,20(1/2):431 - 460.

Wernerfelt B. A resource-based view of the firm［J］. *Strategic Management Journal*, 1984, 5(2):171 - 180.

Zhang Y, Chen X, Chen Y, Liu Q, Johnson R. Relational versus collective identification within workgroups: Conceptualization, measurement development, and nomological network building［J］. *Journal of Management Official Journal of the Southern Management Association*, 2012,40(6):1700 - 1731.

Zukin S, Dimaggio P. *Structures of capital: The Social Organization of Economy*［M］. MA: Cambridge University Press, 1990.

曾庆生,周波,张程,陈信元.年报语调与内部人交易:"表里如一"还是"口是心非"?［J］.管理世界,2018,(9):143—160。

曾姝,李青原.税收激进行为的外溢效应:来自共同审计师的证据［J］.会计研究,2016,(6):70—76,95。

陈汉文,廖方楠,韩洪灵.独立董事联结与内部控制对盈余管理的治理效应［J］.经济管理,2019,41(5):171—191。

陈仕华,陈钢.企业间高管联结与财务重述行为扩散［J］.经济管理,2013,(8):134—143。

陈仕华,卢昌崇.企业间高管联结与并购溢价决策:基于组织间模仿理论的实证研究［J］.管理世界,2013,(5):144—156。

陈仕华,马超.连锁董事联结与会计师事务所选择［J］.审计研究,2012,(2):75—81,97。

陈仕华,马超.企业间高管联结与慈善行为一致性:基于汶川地震后中国上市公司捐款的实证研究［J］.管理世界,2011,(12):87—95。

陈仕华.公司治理的社会嵌入性:来自连锁董事的启示［J］.经济管理,2009,31(4):50—56。

陈运森,邓祎璐,李哲.证券交易所一线监管的有效性研究:基于财务报告问询函的证据［J］.管理世界,2019,35(3):169—185,208。

陈运森,李培馨,陈栋.银行股权关联、融资约束与资本投资行为［J］.中国会计评论,2015,13(2):205—228。

陈运森,谢德仁.董事网络、独立董事治理与高管激励［J］.金融研究,2012,(2):168—182。

陈运森,谢德仁.网络位置、独立董事治理与投资效率［J］.管理世界,2011,(7):113—127。

陈运森,郑登津.董事网络关系、信息桥与投资趋同［J］.南开管理评论,2017,20(3):159—171。

陈运森,郑登津.董事网络与公司信息传递:需求、渠道与后果［M］.北京:经济科学出版社,2018.

陈运森.独立董事网络中心度与公司信息披露质量[J].审计研究,2012,(5):92—100.

程恩富,彭文兵.社会关系网络:企业新的资源配置形式[J].上海行政学院学报,2002,(2):79—90.

程新生,郑海埃,程昱.创新信息披露、分析师跟踪与市场反应研究[J].科研管理,2020,41(1):161—173.

醋卫华.独立董事的价值:来自独立董事集中辞职的证据[J].经济管理,2015,37(3):56—66.

翟淑萍,袁克丽.财务独立董事职业背景与分析师预测准确性[J].华东经济管理,2019,33(5):123—131.

董大勇,刘海斌,胡杨,张尉.股东联结网络影响股价联动关系吗?[J].管理工程学报,2013,27(3):20—26.

方红星,张勇,王平.法制环境、供应链集中度与企业会计信息可比性[J].会计研究,2017,(7):33—40,96.

方军雄.我国上市公司信息披露透明度与证券分析师预测[J].金融研究,2007,(6):136—148.

傅代国,夏常源.网络位置、独立董事治理与盈余质量[J].审计与经济研究,2014,29(2):67—75,84.

甘丽凝,陈思,胡珉,王俊秋.管理层语调与权益资本成本:基于创业板上市公司业绩说明会的经验证据[J].会计研究,2019,(6):27—34.

葛家澍.会计·信息·文化[J].会计研究,2012,(8):3—7,96.

葛家澍.现代财务会计的基本特征:历史信息与预期信息并重[J].会计之友(上旬刊),2010,(4):4—6.

顾曰国.礼貌、语用与文化[J].外语教学与研究,1992,(4):10—17,80.

韩鹤.连锁董事连结对会计政策选择的影响机理[J].哈尔滨商业大学学报(自然科学版),2015,31(6):761—764,768.

韩洁,田高良,李留闯.连锁董事与社会责任报告披露:基于组织间模仿视角[J].管理科学,2015,28(1):18—31.

黄超,王敏.管理层利用年报语调配合盈余管理了吗?[J].当代经济管理,2019,41(6):90—97.

贾巧玉,周嘉南.连锁关系与盈余管理:基于信息传递的视角[J].中国会计评论,2019,17(1):79—108.

李常青,林晓丹.管理层讨论与分析信息披露制度的跨国比较及借鉴[J].财会通讯,2009,(15):64—66,70,161.

李春涛,宋敏,张璇.分析师跟踪与企业盈余管理:来自中国上市公司的证据[J].金融研究,2014,(7):124—139.

李春涛,赵一,徐欣,李青原.按下葫芦浮起瓢:分析师跟踪与盈余管理途径选择[J].金融研究,2016,(4):144—157.

李丹,王丹.供应链客户信息对公司信息环境的影响研究:基于股价同步性的分析[J].金融研究,2016,(12):191—206.

李广子,唐国正,刘力.股票名称与股票价格非理性联动:中国a股市场的研究[J].管理世界,2011,(1):40—51,187—188。

李敏娜,王铁男.董事网络、高管薪酬激励与公司成长性[J].中国软科学,2014,(4):138—148。

李青原,张肖星,王红建.独立董事连锁与公司盈余质量的传染效应[J].财务研究,2015,(4):24—36。

李莎,林东杰,王彦超.公司战略变化与审计收费:基于年报文本相似度的经验证据[J].审计研究,2019,(6):105—112。

李维安,邱艾超,牛建波,徐业坤.公司治理研究的新进展:国际趋势与中国模式[J].南开管理评论,2010,13(6):13—24,49。

李晓慧,张明祥,李哲.管理层自利与企业内部控制缺陷模仿披露关系研究:基于制度理论分析[J].审计研究,2019,(2):64—72。

李岩琼,姚颐.研发文本信息:真的多说无益吗?:基于分析师预测的文本分析[J].会计研究,2020,(2):26—42。

李燕媛,张蝶.我国上市公司"管理层讨论与分析"信息鉴证:三重困境及对策建议[J].审计研究,2012,(5):86—91。

李洋,汪平,王庆娟.董事联结能抑制薪酬粘性吗?:管理层权力的中介效应研究[J].经济与管理研究,2019,40(7):128—144。

梁玉成.求职过程的宏观—微观分析:多层次模型[J].社会,2012,32(3):55—77。

刘海明,王哲伟,曹廷求.担保网络传染效应的实证研究[J].管理世界,2016,(4):81—96。

刘浩,唐松,楼俊.独立董事:监督还是咨询?:银行背景独立董事对企业信贷融资影响研究[J].管理世界,2012,(1):141—156,169。

刘军.整体网分析讲义[M].上海:格致出版社,2009。

刘砾丹,刘力臻.融资约束、成长性与资本结构非对称调整:基于高新技术上市公司的实证分析[J].中南财经政法大学学报,2021,(3):36—47。

刘永涛,陈运森,谢德仁,郑登津.董事连锁网络与会计政策趋同:基于开发支出会计政策隐性选择的证据[J].中国会计评论,2015,13(1):1—30。

卢昌崇,陈仕华.断裂联结重构:连锁董事及其组织功能[J].管理世界,2009,(5):152—165。

卢介然,马超."管理层讨论与分析"披露语调与银行贷款[J].财经问题研究,2019,(5):66—72。

陆贤伟,王建琼,董大勇.董事联结影响股价联动:关联分类还是资源价值?[J].证券市场导报,2013,(10):47—54。

罗家德,叶勇助.中国人的信任游戏[M].北京:社会科学文献出版社,2007。

罗琦,王悦歌.真实盈余管理与权益资本成本:基于公司成长性差异的分析[J].金融研究,2015,(5):178—191。

罗珊梅,李明辉.社会责任信息披露、审计师选择与融资约束:来自a股市场的新证据[J].山西财经大学学报,2015,37(2):105—115。

孟庆斌,施佳宏,鲁冰,宋祉健."轻信"的注册会计师影响了审计质量吗:基于中国综合社会调查(cgss)的经验研究[J].会计研究,2019,(7):12—20。

孟庆斌,杨俊华,鲁冰.管理层讨论与分析披露的信息含量与股价崩盘风险:基于文本向量化方法的研究[J].中国工业经济,2017,(12):132—150。

潘宁宁,朱宏泉.基金持股与交易行为对股价联动的影响分析[J].管理科学学报,2015,18(3):90—103。

潘越,戴亦一,林超群.信息不透明、分析师关注与个股暴跌风险[J].金融研究,2011,(9):138—151。

潘越,宁博,纪翔阁,戴亦一.民营资本的宗族烙印:来自融资约束视角的证据[J].经济研究,2019,(7):94—110。

石秀印.中国企业家成功的社会网络基础[J].管理世界,1998,(6):187—196,208。

谭松涛,崔小勇.上市公司调研能否提高分析师预测精度[J].世界经济,2015,38(4):126—145。

唐雪松,申慧,杜军.独立董事监督中的动机:基于独立意见的经验证据[J].管理世界,2010,(9):138—149。

万良勇,邓路,郑小玲.网络位置、独立董事治理与公司违规:基于部分可观测bivariate probit模型[J].系统工程理论与实践,2014,34(12):3091—3102。

万良勇,胡璟.网络位置、独立董事治理与公司并购:来自中国上市公司的经验证据[J].南开管理评论,2014,17(2):64—73。

汪和建.解读中国人的关系认同[J].探索与争鸣,1998,(12):32—36。

王爱群,贺子聪,王艺霖.风险投资对战略信息含量的影响研究:以创业板上市公司为例[J].当代财经,2019,(1):73—83。

王克敏,王华杰,李栋栋,戴杏云.年报文本信息复杂性与管理者自利:来自中国上市公司的证据[J].管理世界,2018,34(12):120—132,194。

王鹏程,李建标.谁回报了民营企业的捐赠?:从融资约束看民营企业"穷济天下"的行为[J].经济管理,2015,37(2):41—52。

王文姣,夏常源,傅代国,何娜.独立董事网络、信息双向传递与公司被诉风险[J].管理科学,2017,30(4):63—78。

王雄元,高曦.年报风险披露与权益资本成本[J].金融研究,2018,(1):174—190.

王雄元,李岩琼,肖忞.年报风险信息披露有助于提高分析师预测准确度吗?[J].会计研究,2017,(10):37—43,96.

王营,曹廷求.董事网络增进企业债务融资的作用机理研究[J].金融研究,2014,(7):189—206.

王跃堂,赵子夜,魏晓雁.董事会的独立性是否影响公司绩效?[J].经济研究,2006,(5):62—73.

魏刚,肖泽忠,Nick Travlos,等.独立董事背景与公司经营绩效[J].经济研究,2007,(3):92—105,156.

温忠麟,张雷,侯杰泰,等.中介效应检验程序及其应用[J].心理学报,2004,(5):614—620.

吴红军,刘啟仁,吴世农.公司环保信息披露与融资约束[J].世界经济,2017,40(5):124—147.

谢德仁,林乐.管理层语调能预示公司未来业绩吗?——基于我国上市公司年度业绩说明会的文本分析[J].会计研究,2015,(2):20—27,93.
杨有红,黄志雄.独立董事履职状况和客观环境研究[J].会计研究,2015,(4):20—26,95.
叶康涛,陆正飞,张志华.独立董事能否抑制大股东的"掏空"?[J].经济研究,2007,(4):101—111.
叶康涛,祝继高,陆正飞,等.独立董事的独立性:基于董事会投票的证据[J].经济研究,2011,46(1):126—139.
伊志宏,申丹琳,江轩宇.基金股权关联分析师损害了股票市场信息效率吗——基于股价同步性的经验证据[J].管理评论,2018,30(8):3—15.
易志高,茅宁.股票市场过度联动理论研究综述[J].经济学动态,2008,(10):111—115.
游家兴,刘淳.嵌入性视角下的企业家社会资本与权益资本成本——来自我国民营上市公司的经验证据[J].中国工业经济,2011,(6):109—119.
余明桂,宁莎莎.独立董事社会网络与企业投资效率[J].华东经济管理,2016,30(2):136—140.
余秋玲,朱宏泉.宏观经济信息与股价联动——基于中国市场的实证分析[J].管理科学学报,2014,17(3):15—26.
张军.关系:一个初步的经济分析[J].世界经济文汇,1995,(6):47—55.
张娆.企业间高管联结与会计信息质量:基于企业间网络关系的研究视角[J].会计研究,2014,(4):27—33,95.
张新民,叶志伟.得"信"者多助?——社会信任能缓解企业短贷长投吗?[J].外国经济与管理,2021,43(1):44—57,72.
张雪梅,陈娇娇.独立董事联结与会计稳健性相似——政策选择的模仿效应研究[J].现代财经(天津财经大学学报),2020,40(9):96—113.
张勇.外部监督、关联方交易与企业会计信息可比性[J].现代财经(天津财经大学学报),2018,38(3):99—113.
郑方.治理与战略的双重嵌入性——基于连锁董事网络的研究[J].中国工业经济,2011,(9):108—118.
周波,张程,曾庆生.年报语调与股价崩盘风险——来自中国A股上市公司的经验证据[J].会计研究,2019,(11):41—48.
周建国.关系强度、关系信任还是关系认同——关于中国人人际交往的一种解释[J].社会科学研究,2010,(1):97—102.
周晓苏,王磊,陈沉.企业间高管联结与会计信息可比性——基于组织间模仿行为的实证研究[J].南开管理评论,2017,20(3):100—112.
庄贵军,席酉民.关系营销在中国的文化基础[J].管理世界,2003,(10):98—109,156.

图书在版编目(CIP)数据

独立董事联结对上市公司年报信息披露的影响研究：基于"管理层讨论与分析"文本的经验证据 / 张雪梅著. 上海：上海社会科学院出版社，2025. -- ISBN 978-7-5520-4621-2

Ⅰ. F279.246

中国国家版本馆CIP数据核字第2024BW5398号

独立董事联结对上市公司年报信息披露的影响研究：
基于"管理层讨论与分析"文本的经验证据

著　　者：张雪梅
责任编辑：应韶荃
封面设计：黄婧昉
出版发行：上海社会科学院出版社
　　　　　上海顺昌路622号　邮编200025
　　　　　电话总机021-63315947　销售热线021-53063735
　　　　　https://cbs.sass.org.cn　E-mail：sassp@sassp.cn
照　　排：南京前锦排版服务有限公司
印　　刷：上海盛通时代印刷有限公司
开　　本：710毫米×1000毫米　1/16
印　　张：13.5
插　　页：1
字　　数：222千
版　　次：2025年2月第1版　2025年2月第1次印刷

ISBN 978-7-5520-4621-2/F·799　　　　　　定价：75.00元

版权所有　翻印必究